Richard Zoozmann
Hans Sachs und die Reformation.
In Gedichten und Prosastücken

SEVERUS Verlag

Zoozmann, Richard: Hans Sachs und die Reformation. In Gedichten und Prosastücken.
2017
Neuauflage der Ausgabe von 1904
ISBN: 978-3-95801-681-1

Umschlaggestaltung: Annelie Lamers, SEVERUS Verlag

Bibliografische Information der Deutschen Nationalbibliothek: Die Deutsche Nationalbibliothek verzeichnet diese Publikation in der Deutschen Nationalbibliografie; detaillierte bibliografische Daten sind im Internet über https://dnb.de abrufbar.

Der SEVERUS Verlag ist ein Imprint der Bedey & Thoms Media GmbH,
Hermannstal 119k, 22119 Hamburg

SEVERUS Verlag, 2017
http://www.severus-verlag.de
Gedruckt in Deutschland
Der SEVERUS Verlag übernimmt keine juristische Verantwortung oder irgendeine Haftung für evtl. fehlerhafte Angaben und deren Folgen.

Richard Zoozmann

Hans Sachs und die Reformation
In Gedichten und Prosastücken

MIX
Papier aus verantwortungsvollen Quellen
Paper from responsible sources
FSC® C105338

Inhalt

Einleitung 3

Hans Sachs und die Reformation 27

Die Wittembergisch Nachtigall 29

    Disputacion zwischen ainem Chorherzenn vnnd
Schüchmacher darin das wott gottes vnd ein recht
Cristlich Wesen verfochtten wirtt 51

    Eyn gesprech vo den Scheinzvercke der Gaystlichen/
und jren gelübdten/damit sy zùuerlesterung des blùts
Christi vermaynen selig zù werden 73

    Ein Dialogus/des inhalt/ein argument der Römischen/
wider das Christlich heiiflein/den Geytz/auch ander
offenlich laster etc. betreffend 87

    Ain Gesprech aines Evangelischen Christen / mit ainem Lutherischen darinn der Ergerlich wandel etlicher / die
sich Lutherisch nenne angezaigt / vnd brüderlich gestrafft
wirdt. M.D.xxiiij.. 105

Die Gemarthert Theologia 121

    Das klagent Ewangelium 128

    Schwank, Eulenspiegels Disputation mit einem Bischof
ob dem Brillenmachen 152

    Ein Epitaphium oder Klagred ob der Leich
Doctor Martini Lutheri 158

Diese Abcontrefaction
  Zeigt Hans Sachsen von Nürnberg an,
Schumachern, der viel schön Gedicht
Und weise Sprüch hat zugericht,
Nach Ahrt der Edlen Poeterey,
In teutscher Sprach, lustig vnd frey,
Auch durch Meistergesang mit Fleiß,
Auf gaystlich und weltliche weiß.
Welches dann gute Mittel sind,
Dadurch gemein Mann vnd sein Kind

Mügn Schrifft vnd Weißheit auch erfarn,
Tugentlich darnach zu gebarn,
Gott zu Ehr vnd dem Nechst zu nutz,
Damit man Tugend erhalt in Schus.
Wölchs alles ist gnugsam bewißt,
Drumb bleybt sein Lob auffs gewißlist.

Johann Brs.

Hans Sachs im 51. Lebensjahre.
Nach dem Holzschnitt von Hans Brosamer. 1545.

Einleitung

Gott sey lob, der mir sandt herab
So miltiglich die Gottes gab,
Als einem ungelehrten Mann,
Der weder Latein noch Griechisch kan,
Daß mein Gedicht grün, blü und wachs
Und vil frucht bring, das wünscht

Hans Sachs
Anno Salutis, M.D.LXVII.
Am 1. Tage Januar

Nürnberg zu Beginn der Reformationszeit.
(Kupferstich von Albrecht Dürer.)

Zu den Männern, die in der glänzendsten und bedeutendsten Epoche Deutschlands, im Reformationszeitalter, neben Luther unsere Aufmerksamkeit verdienen, gehört auch der Nürnberger Poet und Schuhmacher als eine der anziehendsten, von sprichwörtlichem Rufe getragenen, Persönlichkeiten. Viel ist über ihn gesagt und geschrieben worden, und dennoch ist dieser merkwürdige Mann mehr genannt als gekannt. Allerdings fließen die Quellen für die Lebenskenntnis unserer großen Geisteshelden gerade vom 16. und 17. Jahrhundert sehr spärlich. Ihre Namen, die in der unverwüstlichen Jugendkraft ihrer besten Werke fortleben, nennt und kennt alle Welt mit Ehrfurcht oder Begeisterung. Aber die Linien ihres äußeren Lebensweges können wir selten genauer verfolgen; die einzelnen Stationen, auf denen sie mit andern in feindliche oder freundliche Berührung kamen, sind uns in den meisten Fällen unbekannt geblieben. Die schädlichen oder fördernden Einflüsse, die Kunst und Art in ihrem Schaffen bestimmten oder entwickeln halfen, können wir häufig nur vermuten und so fehlt uns zum äußern Bilde dieser großen Gestalten fast alles, was sie uns menschlich näher bringt.

Zum Glück kommt uns in der Mehrzahl der Umstand zu statten, daß sie ihre eigenen Biographen waren. Auch bei Hans Sachs trifft dies zu. Fast alles, was wir von seinen Lebensschicksalen wissen, fußt auf den eigenen Angaben, die zerstreut in den Werken des Altmeisters unserer neuhochdeutschen Dichtung zu finden sind. Allerdings sind diese Nachrichten oft falsch oder nicht vorsichtig genug gedeutet worden, was der Dichter nicht selten selbst verschuldet hat, insofern seine Angaben ungenau sind, weil er wie er es selber beklagt schon früh unter Gedächtnisschwäche zu leiden hatte. Aber die Forschung hat nicht geruht, und von Bertuch, Häßlein und Büsching an, über Göz, Nasser, Hopf, Goedeke und Tittmann hinaus bis auf Reller, Götze, Röhler, Mummenhof und Bauch, hat unermüdlicher Fleiß der Sachsverehrer in schönem Wetteifer aus urkundlichem, aufgehäuftem Material besonders aus den reichen archivalischen Schätzen der ehemaligen Reichsstadt Nürnberg immer neues und helleres Licht auf die Gestalt des trefflichen Schuhmacherpoeten fallen lassen.

Das Leben des Dichters verlief wie das eines ehrsamen Handwerksmeisters seiner Zeit, ohne aufregende Zwischenfälle, nicht frei von trüben Stunden, aber im allgemeinen doch sonnig und stillheiter. Zur Zeit eines großen Sterbens wurde er am 5. November 1494 als Sohn des Nürnberger Schneidermeisters Jörg Sachs geboren, kam Ostern im siebenten Jahre auf die Lateinschule (die Spitalschule) und genoß hier den Unterricht wie ein angehender Gelehrter.

Da lernt ich Griechisch und Latein
Sprechen und schreiben klar und rein,
Grammatika, Rhetorika,
Logika und Musika,
Arithmetika, Astronomia,
Dichtkunst und Philosophia.
Auch Rechnen lernt ich mit Verstand,
Die Ausmessung mancherlei Land;
Auch lernt ich die Kunst der Gestirn,
Der Menschen Geburt zu judizirn,
Auch die Erkenntnis der Natur ...

so hören wir später von ihm selbst. Mit fünfzehn Jahren (1508) trat er in die Lehre bei einem Schuhmacher und zog nach Abmachung der zwei Lehrjahre als fröhlicher Wanderbursch in die Welt hinaus, arbeitete in Regensburg, Salzburg, Passau, Hall im Inntal, in Braunau und Wels. Hier und in Innsbruck, wo er einige Zeit Waidmann am kaiserlichen Hofe Maximilians war, entschloß er sich zum Meistersang, worin ihn der Leinweber Lienhard Nonnenbeck unterrichtete. Auf seinen ferneren Wanderungen über Landshut, Tettingen, Burghausen und Würzburg lernte er Bar und Töne; 1513, im zwanzigsten Lebensjahr, hatte er sein »erst Bar« (im langen Marner: Gloria patri lob und ehr) gedichtet, sang dann in »eigenen Tönen« weiter, d. h. er erfand selbständig allerhand Meisterweisen, wie den »güldenen Ton« und die »Silberweys«, half in München die »Schule« verwalten, und hielt in Frankfurt a. M. seine erste »Singschule«, trat also hier zum erstenmale als Leiter einer Meistersinger-Versammlung hervor.

Adam Puschmann (1532-1560) aus Görlitz, sein Schüler, der (wie unten bemerkt) in Augsburg zum zünftigen Meistersinger gemacht worden war, erzählt darüber in einem, zu Ehren und zum Gedächtnis seines Meisters gedichteten Liede:

Als er nun thete wandern
von einer Stat zur andern,
Er hin gen Münchn kam
Da sang er auch mit lobesam

Und fing auch an zu tichten,
Thet sich gar fleißig richten
Nach der Tabulatur,
Die man auch braucht zu Nürnberg pur.

Nach abermaliger fünfjähriger Wanderschaft, die ihn über Koblenz, Aachen, durch Westfalen (Osnabrück), Niedersachsen (Lübeck) und Sachsen (Erfurt und Leipzig) führte, kehrte er 1515 in seine Vaterstadt zurück, wo er sein erstes Spruchgedicht »Von Lorenzo und Lisabetha« verfaßte. Er wurde Meister und führte, da es ihm seine Mittel gestatteten, am 1. September 1519 die siebzehnjährige Kunigund (oder Katharina) Creutzer heim, Tochter des Peter Creutzer zu Wendelstein am Berg. Als Hochzeitsgeschenk überwies der alte Sachs dem jungen Paar ein eigenes Haus, in dem es der frischgebackene Meister und Ehemann bald zu einem gewissen Wohlstand brachte und neben Pfriem und Ahle täglich zur Feder griff. Denn nach Edm. Goetze beläuft sich die Zahl seiner Werke auf 4420 Meistergesänge und 1735 Spruchgedichte, im ganzen also 6205 Werke, von denen freilich viele nicht besonders umfangreich waren, die ihn aber doch mit Lope de Vega vergleichen lassen, wie es Gervinus tut, wenn er sagt: »Es ist etwas Reizendes um ein Talent, das sich leichtfertig nach allen Seiten hin entwickeln will, das überall mit Sicherheit und Naiveliches tät an das Rechte und Gute nur streift, das Bessere sieht und es freiwillig fahren läßt, das der Regel spottet, dem Volke fröhnt, die Menge befriedigt und sich in sich selbst gefällt. Hans Sachs ist kein Lope de Vega, obgleich er viele Tausende von Dichtungsstücken gemacht hat und an Fruchtbarkeit vielleicht nicht nachsteht; aber Lope ist auch kein Hans Sachs, so gesund und kräftig er sein mag. Mit einem lebhaften Geiste, mit südlichem Blute, mit vierzehnjähriger Reife, mit einer Sprache, die ausgebildet ist und sich leicht in Verse und Reime fügt, unter einem schaulustigen, empfänglichen, stürmisch belohnenden Volke, bei freier Muse und sorgloser Seele ein Schriftsteller wie Lope zu werden, ist vielleicht nicht so schwer: aber in großen Kollisionen des öffentlichen Lebens, bei so viel Teilnahme und Gemüt, bei so eifrigem Eingreifen, bei so viel Anerkennung immer ein Mensch zu bleiben, wie Hans Sachs, ist bewundernswert; bewundernswerter, als daß er eine völlig versunkene Poesie wieder aufblühen und neuen

Samen für andere pflanzen tragen zu machen suchte.« Damit hat Gervinus klar und treffend die Stellung hervorgehoben, die Sachs für unsere Literatur einnimmt; die »großen Kollisionen«, das Luthersche Reformationswerk, das waren die Anlässe, die ihn zum Dichter machten, zum Dichter im wahren Sinne des Wortes! Denn man darf ihn nicht als einen bloßen »Reimer« oder »Singer« ansprechen: in Wahrheit hat er der zunft- und handwerksmäßigen Pflege der Poesie lau und innerlich fremd gegenüber gestanden.

Der Meistersang, den man sich als ein Erzeugnis reichsstädtischen Bürgertums vorstellen muß, trat mit der strengen Gesetzmäßigkeit seiner Formen der wirklichen oder scheinbaren Regellosigkeit des Volksliedes gegenüber mit Absicht auf und löste gleichzeitig die Ritterpoesie ab, die schon seit dem 14. Jahrhundert verfallen und teils in Übertreibungen und künstliche Spielereien, teils in feinere oder derbere Zweideutigkeiten ausgeartet war. Durch den Regelzwang, die vorgeschriebene Ehrbarkeit des Inhalts und die von den Merkern aufs peinlichste geübte Prüfung geschah es, daß die erst allzu frei gewordene Sangeskunst nun bald gar zu stark geknebelt wurde, weil man sie gleich den Handwerken zunftmäßig betrieb und durch diese geschäftsmäßige Behandlung auf dieselbe Höhe mit ihnen hinabdrückte.

Wer tagsüber als Gerber, Schneider, Spengler oder Kandelmacher seinem Berufe wacker und ehrsam nachgegangen war, fühlte sich abends zum Dichter entzückt, nippte abwechselnd am Schoppen Bier und am kastalischen Quell und suchte künstliche Gesänge in neuen Tönen zu erfinden oder in alten nachzubilden. In der Kirche oder auf dem Rathause wurde dann kommenden Sonntags die »Schule gehalten«. Die Singer lasen unter musikalischer Begleitung ihre »sehr herrliche und künstliche Gedicht« dem Vorstand vor, wobei die Merker hochnotpeinliche Kritik übten und die Verfehlungen gewissenhaft buchten. Zweiunddreißig Regeln mußten strengstens beobachtet werden; ein Regelkram, der sich freilich fast nur auf äußerliche Form erstreckte. Neben dem zur Bedingung gemachten ehrbaren und sittsamen oder lehrhaften und artigen Inhalt, der dadurch natürlich oft zur Langweiligkeit wurde, mußte allgemeine Verständlichkeit vorherrschen, die oft eine nüchterne Trockenheit hervorrief. Sodann kam es auf den Ton, das heißt die Singweise an, ferner war Wort- und Silbenzahl zu berücksichtigen, und schließlich machte der Reim das wesentlichste aus. Klappten namentlich die Reime recht schön und ohrenfällig, so hatte man ohne Zweifel ein treffliches Kleinod deutscher Poesie vor sich, mochte der Inhalt noch so ledern, die Auffassung noch so kindlich, der Ausdruck noch so hölzern, die Sprache noch so gewöhnlich sein. Die guten Gewerken hielten eben das und nur das für Poesie, was Reime aufweisen konnte.

Der Inbegriff aller Formeln und Satzungen für das meistersingerliche Lied, das sogenannte »Bar«, war die Tabulatur, die dem Dichter zur Richtschnur, den Merkern zur Unterstützung im Urteilen diente. War von dem Apollojünger allen Anforderungen bei der Prüfung entsprochen, hatte er nicht »versungen«, sondern war er »glatt in der Kunst«, so wurde er mit einem kostbaren Kranze geziert und zum Meister erhoben, was für ihn und seine ganze Sippe eine bedeutende Ehre war. Solch ein Meister durfte nun wiederum Schüler in der holden Kunst unterrichten, und so kam es wohl häufig genug vor, daß in den Werkstätten mit Brot und Bretzeln bewegliche Tragödienverse geknetet, und mit Nägeln und Hufeisen feurige Historienreime geschmiedet wurden. Unter den älteren Meistern zeichneten sich neben Hans Sachs als besonders kunstfertig aus: Heinrich von Müglein, Muskatblüth, Michael Behaim, Hans Rosenblüth, Hans Folz und Adam Puschmann, der Sachsens Schüler war und in Augsburg zünftiger Meistersinger wurde.

So schlossen sich in vielen der jung und kräftig aufblühenden Städte die biederen Zunftmeister zu Schulen zusammen, mitunter nur die Meister ein und desselben Handwerks, wie z. B. in Ulm die Weber. Welche die erste Meisterschule war, ist der Nachwelt nicht aufbewahrt worden, auch nicht, wer sich das Verdienst der ersten Gründung zur Ehre anrechnen darf. Die Sänger selbst verehrten in Kaiser Otto I. ihren Stifter, ja manche wollten noch höher hinaus und machten gar Karl den Großen dafür verantwortlich. Es bestanden um die Mitte des 15. Jahrhunderts dieser Schulen viele in den freien Städten, besonders Süddeutschlands; außer in Nürnberg noch in Mainz, Memmingen, Augsburg, Colmar und Ulm. Diese wurde erst am 21. Oktober 1839 feierlich geschlossen, während die andern schon in den achtziger und neunziger Jahren des 18. Jahrhunderts zu wohlverdienter Ruhe eingingen und erloschen.

Es braucht nach diesen Ausführungen nicht mehr besonders betont zu werden, daß der Meistersang seiner Entstehung und Betätigung nach gänzlich ungeeignet war, wirkliche Dichtkunst ins Leben zu rufen, eine neue zu schaffen oder die alte mit ästhetischem Gehalt zu erfüllen. Das neue bestand eben nur in der Erfindung der aus dreiteiligen Strophen (Stollen, Gegenstollen und Abgesang) gebildeten »Töne«, die durch die »Liebhaber des deutschen Meistergesangs« zu Zeilengebäuden von abenteuerlicher Unförmigkeit zusammengeschweißt wurden, barocke Gebilde, die Fabeln, Gleichnisse, Sprüche oder biblische Geschichte (wobei Luthers Verdeutschung maßgebend war) zum Inhalt hatten, und die mit überaus schrulligen und lächerlichen Namen bezeichnet wurden. So gab es unter vielen andern einen »Marners Hofton, einen Tannhäuser Hofton, Peter Zwingers roten Ton, Frauenlobs Blütenton, den abgeschiedenen Ton Lienhard Nunnenbeckens, natürlich eine Hans Sachs-Spruchweis, eine Gestreift-Safranblümlein-Weis, eine Fettdachs-Weis, Vielfraß-Weis, Cliusposaunenweis, offene-Helm-Weis, geblümte Paradiesweis und eine Schwarztinten-Weis«.

Das waren lächerliche Auswüchse. Aber um so erfreulicher in dieser eigentümlichen deutschen Geistesgeschichte ist ihre kulturhistorische Seite insofern, als sich mit dem Meistersang mitten aus einem sittlich versunkenen Zeitalter ein, wenn auch poesiearmes und künstlerisch mageres, so doch von wackerstem, naiv-biederem Sinn geborenes und erfülltes Streben nach geistiger, sittlich unanstößiger Tätigkeit erhob. Es trägt überall die Zeichen und Merkmale ehrsamer, bürgerlicher Tüchtigkeit, Sittenreinheit und ehrfurchtsvoller Anhänglichkeit an das von den Vätern überlieferte an sich. Merkwürdig ist dabei, daß die Pfleger des Meistersanges vorwiegend der neuen reformatorischen Kirchenlehre zugetan waren; und wenn der Meistersang selbst auch, wie oben gesagt, das Reformationszeitalter nicht überdauerte, so haben seine Übungen und Erzeugnisse doch ihr bescheidenes Teil zur Ausbreitung der Lutherischen Ideen beigetragen.

Aus dem erkältenden Bannkreise dieser nüchternen Regelkunst flieht auch unser Hans Sachs immer und immer wieder hinaus. Mit klugem und sinnendem Auge betrachtet er den Kreis der irdischen Dinge, Realist durch und durch, gewinnt er Allem Reiz ab; bürgerliches, kirchliches und politisches Leben regt ihn an, befeuert ihn, zwingt ihm die Feder in die Hand! Dieser Doppelstellung, die er als Meistersinger und freier, jeder Gilde spottender Dichter einnahm, blieb er sich wohl bewußt, und in lobenswerter Selbstkritik verbot er die Drucklegung seiner zahllosen, fein säuberlich und zierlich in Quartanten niedergeschriebenen Meistersänge, während er seine Gedichte und Schwänke in Einzeldrucken und Gesamtausgaben in alle Welt hinausgehen ließ.

So dichtete und lebte er in länger als vierzigjähriger glücklicher Ehe, bis ihm am 27. März 1560 seine treue Gefährtin durch den Tod entrissen wurde; auch seine sieben Kinder überlebte der Dichter, zwei Söhne und fünf Töchter; nur vier Enkel, Kinder seiner ältesten Tochter[1] hinterließ er. Groß war die Trauer um die verlorene Frau selbst die Muse verstummte so ziemlich, denn gering ist die poetische Ausbeute der Jahre 1560 und 1561. Doch schon am 8. August 1561 verlobte und am 2. September vermählte er sich mit der siebenundzwanzigjährigen Barbara Harscher. Infolge von Verwechslung mit des Dichters erster Gattin lassen einige Biographen die Harscher siebzehnjährig sein und tragen durch diese leichtfertige Angabe die Schuld, daß es nicht an Angriffen gegen den Poeten gefehlt hat, der als lüsterner Greis nach einem so jungen Dinge Begehren getragen habe. Immerhin bestand ein Unterschied von fast vierzig Jahren zwischen den beiden Ehegatten. Denn Barbara war im Juli 1534 geboren als Tochter des Ringelschmieds und Pulvermachers Konrad Harscher; in erster Ehe, als noch nicht Sechzehnjährige, verheiratet mit dem Kandelgießer Jakob Endres, dem sie in fast achtjähriger Ehe drei Söhne und drei Mädchen schenkte. Nach fünfmonatiger Witwentrauer so kurze Witwenstände waren damals ebenso gebräuchlich wie frühe Heiraten reichte sie dem ehrsamen Schuhmachermeister die Hand, gewiß nicht ganz ohne Berechnung. Denn wenn man bei der großen Kindersterblichkeit, wie sie früher zu herrschen pflegte, auch annehmen will, daß nicht alle Kinder Barbaras am Leben geblieben sein werden, so hinterließ Jakob Endres doch gewiß einige. Da war es für die junge Witwe gewiß Sache der Klugheit, dem Werben des alten Sachs Gehör zu schenken, der ja ein behaltener Mann war, mehrere Häuser besaß, Geld auf Zinsen lieh und überdies weit über Nürnbergs Mauern hinaus durch den »liedersüßen Mund« berühmt war. Aber es hindert uns trotz des Altersunterschiedes und trotz der materiellen Erwägungen nichts zu der Annahme, daß Barbara ihrem Hans Sachs auch von Herzen gut gewesen

---

[1] Margarete, mit einem Messerschmied Pregel verheiratet.

sei, da er doch ein prächtiger Mensch voll Gemüt und Humor war, vielleicht einer von denen, »die niemals altern«. Und so wird die lebfrische, junge Barbara neues Leben und neuen Sonnenschein in die vereinsamte Behausung des Dichters gebracht haben, von der er so rührend singt:

Ach Gott, erst ward meim Herzen bang,
Weil ich mein Gmahel nit mehr hätt!
Wo ich ansah die selbe Stätt,
Daran sie war gstanden und gsessen,
O so thät sich mein Herz denn fressen.
Dergleich wo ich ihr Kleider sach
Wurd ich geleich von Herzen schwach,
Daß ich mein Gmahel auserkorn
So schwind und gehling hätt verlorn,
Der ich erst gar notürfig war,
Weil ich in sechs und sechzigst Jahr
Ging, sie mit acht und funfzig was
Erst alt. Derhalb ich übermaß
War im Herzen bekümmert hoch.
Oft daucht mich auch, sie lebet noch,
Etwan bey ihren Freundinn wer,
In ihren Gschäften hin und her.
Wenn ich mich denn bedacht, daß sie
Gestorben wer und nit mehr hie,
So wurd mein Hertzenleid mir neu,
Wann ich mich zu ihr alle Treu
Versach für all Menschen auf Erd,
Besorgt mich vor ihr kein Gefährd.

Ja, es war eine echte, rechte Hausmutter gewesen, früh und spät auf dem Posten, nur den Mägden gegenüber »etwann heftig« mit Lehren und Zurechtweisungen, aber immer sparend und mehrend an allen Ecken und Enden.

Nun begab sich in einer Nacht,
Daß ich in den Gedanken tief

Meiner verschieden Gmahel entschlieff.
Da deucht mich, ich sech aller Ding,
Wie zu mir in die Kammer ging
Mein liebe Gmahel zu mir her,
In Weiß, ganz züchtiger Gebär,
Von der mein Herz erfreuet wur
Und gechling in dem Bett auffuhr.
Und wollt sie mit eim Kuß umbfahen.
Als ich ihr aber wollte nahen,
Wich sie von mir gleich einem Schatten
Und sprach zu mir nach diesen Thaten:
Mein Hans, das mag nit mer gesein,
Ich bin nit mehr, wie vorhin Dein.
Da fiel mir erst ein gewiß und klar,
Daß sie mit Tod verschieden war.
Derhalb mich gleich ein Forcht durchschlich.

Aber Hans Sachs fühlte nun neues Gatten- und Eheglück. Denn trotz der sechs Kinder, die sie dem Kandelgießer geboren hatte, verfügte Barbara noch über soviel Anmut, Liebreiz und schlanke Wohlgestalt, daß der alte Dichter in dem, erst ein Jahr nach der Hochzeit entstandenen Gedicht »Das künstlich Frauenlob« förmlich trunken von ihren Reizen ist und sich in einer Erotik ergeht, wie sie selbst in den Buhlliedern seiner zwanzig und dreißig Jahre nicht zu finden ist.

Holdselig ist sie personirt,
Von Leib ganz engelisch formirt,
Sie ist holdseliger Gebär
Und tritt fein aufrichtig daher,
Mit eim freundlichen Angesicht
Fröhlicher Gstalt und sein röslicht.
Ihr Stiren glatt wie Marmelstein
Sinwel (d. i. rund), nit zu groß noch zu klein
Ihr Mündlein brinnt wie ein Rubin
Wohlgeschmack, auch so stehnd darin
Ihre Zähnlein, gestellt mit Fleiß

Rund, glatt, geleich den Perlen weiß.
Milchfarb so sind auch ihre Wangen
Mit rosenroter Farb umbfangen
Darin zwei kleine Grüblein zart
Ihr Aeuglein braun, lieblicher Art,
Darzu ein lang fliegendes Haar,
Lichtgelb, gleich dem Golde klar
Zierlich kraus oberhalb der Ohren.
Darzu hat auch die Wohlgeboren
Ein Hälslein und ein Kehlen weiß,
Darunter zwei Brüstlein ich preis',
Mit blauen Aederlein gezieret,
Hin und wieder gedividiret.

Doch es wäre übel um sein Eheglück bestellt gewesen, wenn Barbara außer den körperlichen nicht auch andere Vorzüge aufzuweisen gehabt hätte. »Die Schön verschwindt auch mit der Zeit durch Trauren, Alter und Krankheit.« Nein, auch hohe »geistliche« Tugenden besitzt sein liebes »ehelich Gmahel«. Sie ist ehrbar, gibt ihrem Herrn niemals den leisesten Grund zur Eifersucht und steht seinem Hauswesen in Zucht, Ordnung und guter Sitte allerwegen vor. Sie ist

Gehorsam in Einmütigkeit,
Ganz still und mit Verschwiegenheit,
Mit standhaft und erbarn Gemüt,
Mit Demut, steter Treu und Güt,
Mit Bscheidenheit an allem Ort,
Glimpflicher, holdseliger Wort,
Mit Emsigkeit, Verstand und Fleiß,
Wohl bsunnen, fürsichtiger Weiß,
Fein ordentlich in dem Haushalten,
Das sie arbeitsam thut verwalten.
Gutwillig ohn alls verdrießen.
Auch werden mütterlich unterwiesen
Ihre Kinder auf Zucht und Ehr
Und aller christenlichen Lehr.

Wenn fährt er im Überschwang seines Lobes fort

Wenn Boccatius seiner Jugend
Auch hätt gwist ihr Sitten und Tugend,
So hätt er sie gestellt auf Trauen
Zu den hundert durchläuchtigen Frauen.

Als letztes Glück erscheint ihm da die Erfüllung des Wunsches, mit solch einer Gattin gemeinsam sterben zu dürfen, und er bittet Gott:

Daß unser ehlich Lieb und Treu
Sich täglich alle Tag erneu,
Zunehm, und fruchtbarlich erwachs
Bis an das End das wünscht Hans Sachs!

Dies ging ihm zwar nicht in Erfüllung, aber er durfte sich fast noch fünfzehn Jahre des holden Besitzes erfreuen, ehe ihn der Tod am 19. Januar 1576 von ihrer Seite riß. Barbara trug nur vier Monate den Witwenschleier, bis sie sich zum dritten und letzten Male, diesmal mit einem bedeutend jüngeren Manne, vermählte, nämlich mit dem erst 34 Jahre alten Wundarzt und Bader Hans Leutkirchen. Sie starb aber schon am 8. März 1583.

Nach unverbürgten Nachrichten soll Hans Sachs zuletzt schwachsinnig geworden sein, denn der mehrfach erwähnte Adam Puschmann singt von der Abnahme der körperlichen und geistigen Kräfte:

Mitten im Garten stande
Ein schönes Lusthäuslein,
Darin ein Saal sich fande,
Mit Marmor pflastert fein;
Mit schön lieblichen Schilden
Und Bilden,
Figuren frech und kühn.
Rings um der Saal auch hatte
Fenster geschnitzet aus,
Durch die all Frücht man thate

Im Garten sehen draus.
Im Saal stand auch ohnecket
Bedecket
Ein Tisch mit Seiden grün,
An selbem saß
Ein alt Mann blaß,
In einem langen Bart fürbaß,
Grauweiß, wie eine Taub er saß
Auf einem Blatte grün.
Das Buch lag auf dem Pulte
Auf seinem Tisch allein,
Und auf den Bänken, gulden,
Mehr andere Bücher fein,
Die alle wohl beschlagen
Da lagen.
Der alte Herr nit ansah,
Wer zu dem alten Herren
Kam in den schönen Saal,
Und grüßet ihn von ferren,
Den sah er an diesmal,
Sagt nichts und thäte neigen
Mit Schweigen
Gen ihn sein alt Haupt schwach.

Zum Schlusse dieser Ausführungen soll eine der besten und treffendsten Charakteristiken über Hans Sachs wiedergegeben sein, die der verdienstvolle und berufene Literarhistoriker Karl Goedeke in seinen »Elf Büchern deutscher Dichtung« gezeichnet hat.

»Bei Hans Sachs«, so sagt Goedeke, »ist alles einfach, natürlich und leicht; er hat wohl nie etwas gestrichen. Was er in alten und neuen Schriften mit Teilnahme las, verwandelte sich bei ihm in ein Gedicht. Daß nicht alles bei ihm von gleichem Werte ist, bedarf kaum der Bemerkung, ja vieles von dem Ernsteren und höher hinaus Strebenden ist trocken, matt und leer; dagegen das Heitere, Leichte, aus dem täglichen Leben Geschöpfte von bleibender Wirkung und echt poetisch. Die Betrachtung, die meistens vorwaltet, beschränkt sich nicht auf das bürgerliche Kleinleben, auf die Familienzwiste, auf die Freuden und Leiden des Bürgerstandes, sondern geht darüber hinaus und erhebt sich oftmals zu weitblickenden Standpunkten. In diesen Auffassungen des

*Hans Sachs im 81. Lebensjahre,
gemalt von Endres Herneisen 1576, radiert von Jost Amman.*

allgemeinen Zeitcharakters und der großen Verhältnisse in Kirche, Staats- und Kriegsleben, sowie der sittlichen Zustände im allgemeinen, ist der schlichte, freie Bürgersinn des sechzehnten Jahrhunderts, der aus der zuströmenden Gelehrsamkeit sich das Taugliche herausnahm, unter den oft kläglichen Zerwürfnissen der Geistlichkeit fest blieb und seine einfache, schlichte Natur wahrte und in dem hereinbrechenden Elende der Zeit stark, mutig und gesund ausharrte, am einfachsten und schönsten dargelegt. Die stürmische Hast Ulrichs von Hutten ist bei Hans Sachs durch eine milde Klarheit aufgewogen; er bindet mit keinem an, wird nur für sich selbst mit dem Gegner fertig. Der oft spielende, oft haltungslose Ton Murners wird durch eine sich stets gleichbleibende, naive Heiterkeit ersetzt. Luthers Inbrunst hat der schlichte Handwerker nicht, aber an Tiefe und Innigkeit stehen seine Kirchengesänge keiner Kirchenpoesie jener Zeit nach. Was ihm an didaktischer Tiefe gebricht, hat er an Klarheit und frischer Darstellung reichlich eingebracht. Seine dramatischen Arbeiten, zu denen er die Stoffe schon früher aus der alten deutschen Sagenpoesie wie aus dem Altertum und der unmittelbaren Gegenwart entlehnte, sind, was die ernsten anlangt, von geringerer Bedeutung, als manche gleichzeitige, z. B. die Rebhuns; die heiteren dagegen, die Fastnachtsspiele und Schwänke, sind mit keinen andern zu vergleichen. Neben Hans Sachs zu stellen würde nur Fischart sein, der aber, wenn auch an Beweglichkeit des Geistes und Kunstgewalt der Sprache überlegen, an Heiterkeit gleich, doch an Umfang der Formen und an Mäßigkeit des Inhalts weit unter dem ungelehrten Nürnberger Handwerksmann steht.«

(Holzschnitt von einem Flugblatt Sachsens, die lutherische und die päpstliche Lehre behandelnd.)

Inhalt zweierlei Predig, Jede in einer kurzen Summa begrifen.	
Summa des Evangelischen Predigers:	Summa des Bäbstischen Predigers:
Ihr Kinder Christi merkt und hort	Ihr Christen hört was euch sagt Got
Fleissig das heilsam gottes Wort etc.	Und der römischen Kirche gebot etc.

Als die Kunde von der welterschütternden Tat des Augustinermönches wie auf Flügeln der Windsbraut durch die Länder fuhr und alle Gemüter aus Schlaf und Traum gewaltig aufrüttelte, hier Schreck und Entrüstung weckte, dort lärmenden Jubel und begeisterte Zustimmung auslöste, saß der sechsundzwanzigjährige, bis dahin friedsame Meister und Poet in seiner Werkstatt und hantierte geruhig mit Leder und Leisten, in der Frühstückspause Reime oder Gedanken zu Fastnachtsschwänken und Fabeln aufs Papier kritzelnd. Die Verbrennung der päpstlichen Bulle, die 1521 Luther vorm Wittenberger Elstertore vornahm, erregte auch sein Gemüt, und der Widerschein dieses Feuers warf auch in sein Herz einen zündenden Funken. Nürnberg stand damals auf der Höhe seines Glanzes und war ein Gemeinwesen, in dem das Bürgertum den Gipfelpunkt seiner Entwicklung erreicht hatte. Handel und Gewerbe standen in Flor, Künste und Wissenschaften in achtunggebietendem Ansehen, Erfindung folgte auf Erfindung, Wohlstand und allgemeine Bildung blühten von Tag zu Tag mehr auf, und ein Dürer, Vischer, Willibald Pirckheimer, Celtes und Regiomontanus hatten den Ruhm dieser Hochburg des Humanismus in alle Welt getragen. Keiner hat dies schöner ausgesprochen als Sachs selbst in seinem »Lobspruch der Stadt Nürnberg«. Er sagt:

»In der Stadt um und um
Des Volkes ist ohn' Zahl und Summ',
Ein ämsig Volk, reich und sehr mächtig,
Gescheit, geschicket, erwerbträchtig …
Auch sind da gar sinnreich Werkleut
Mit Drucken, Mahlen und Bildhauen,
Mit Schmelzen, Gießen, Zimmern, Bauen,
Vergleich man findt in keinen Reichen,
Die ihrer Arbeit tun desgleichen,
Als da man köstlich Werk anzeiget.
Wer denn zu Künsten ist geneiget,
Der findt allda den rechten Kern …
Also in Nürnberg ist gut leben,
Niemand zu Krieg ist Ursach geben, …
Ihr Gesetz und Reformazion
Ist fürgeschrieben jedem schon,

Darin ist angezeiget wol,
Was man thun oder lassen soll
Und wer sich darin übergafft,
Der wird nach G'stalt der Sach gestraft.

Und in dies sonnige, friedliche Stadtleben schlug wie ein Blitz aus heiterm Himmel die große, geistige Bewegung, zu der Luther den Anstoß gegeben hatte. Augenblicks wandte sich die ganze Stadt der Reformation zu, und Sachs war einer der ersten, der sich ihr mit Eifer und aus innerster Überzeugung anschloß. Keck und mutig stimmte er sein Lied von der »Wittembergisch Nachtigall« an, die man »jetzt höret überall«, und fand damit begeisterten Anklang in Nürnberg, in Bayern, in ganz Deutschland und weit darüber hinaus. Er hatte damit das lösende Wort gefunden für all die Zweifel und Wißbegierden, die in Tausenden von Gemütern wie trockner Zunder seit Jahren aufgehäuft lagen und nun in einer einzigen, begeisterten Flammenlohe emporschlugen. Das war eine dem Reformator ebenbürtige, eindringliche, überzeugende, an Herz und Nieren packende Sprache, in der Luthers Lehre im Gegensatze zu dem Glauben und den Anschauungen der alten Kirche dem Volke mundgerecht gemacht wurde, die mehr bewirkte als viele, noch so wohlgesetzte Predigten! Die kleine Flugschrift mit dem charakteristischen Holzschnitte wurde blitzschnell zu einer allgemeinen Lektüre, die von Hand zu Hand wanderte, in Tausenden von Exemplaren und Nachdrucken alle Lande überschwemmte und den Boden vorbereiten half zur Aufnahme des Samenkornes der neuen Lehre.

Eine gleiche, vielleicht noch stärkere Wirkung erzielten die im folgenden Jahre, 1524, erschienenen vier Dialoge, darin Sachs in Form kleiner Abhandlungen die Luthersche Sache gegen den alten Glauben energisch, derb und witzig vertritt. Es ist zu bedauern, daß Sachs nur diese wenigen Prosastücke hinterlassen hat, daß er sich später nicht wieder in ungebundener Rede versuchte, da gerade in Prosa die Vorzüge seiner Sprache, die Wucht und Redegewalt seiner Überzeugung am deutlichsten hervortreten, während seine Poesie bei all ihrer Schönheit doch häufig ins Breite schwillt, redeselig wird und infolge der Reimlust und Reimleichtigkeit des Dichters zur Eintönigkeit und Flüchtigkeit hinabsinkt. Aber in den Gesprächen ist ursprüngliche Kraft, Geschlossenheit der Form, Knappheit des Ausdrucks, beißender Witz und köstlicher Humor vertreten! Schon Lessing hat dies erkannt, wohl als erster mit, denn er schreibt unterm 10. Januar 1779 an Herder: »Daß aus Bertuchs ›Hans Sachs‹ nichts wird, habe ich ungern gelesen. Ich wollte eben an ihn schreiben und ihn bitten, wenn er doch so viele Alphabet-Reime drucken ließ, noch einige Bogen Prosa von dem nämlichen Verfasser beidrucken zu lassen; wäre es auch nur, um sehen zu können, wie Hans Sachsens Prosa gewesen. Denn daß Hans Sachsens prosaische Aufsätze auch ein ganz sonderbares Monument in der Reformationsgeschichte sind, wird mir freilich keiner auf mein Wort glauben, der sie nicht gelesen hat.«

Aber kurz darauf ließ sich der junge Poet zu einem Schritt hinreißen, der ihm »einen Preßprozeß« einbrachte. Unter dem Titel »Ein wunderliche Weissagung von dem Babstumb, wie es yhm bis an das end der welt gehen sol, ynn siguren odder gemelde begriffen, gefunden zu Nürmberg, ym Cartheuser Kloster und ist seher alt. Mit gutter verstendtlicher auslegung, durch geleerte leut, verklert. Wilche Hans Sachs yn Deudsche reymen gefasset, und dazu gesetzt hat. Ym M. D. XXVII. Jare.« war in Nürnberg 1527 ein Schriftchen »an den Tag gegeben«, das Weissagungen enthielt und von dem Prediger bei St. Lorenz, Andreas Osiander, aus einem zu Bologna erschienenen Werk »Vaticinia Joachimi« entlehnt war. Diese Prophezeiungen stammten von dem im dreizehnten Jahrhundert als Heiligen und Wundertäter gefeierten Abt Joachim von Calabrien. Osiander hatte eine Vorrede dazu geschrieben, Hans Sachs die Verse verfaßt und der Briefmaler und Formenschneider Hans Guldenmund die Stöcke geschnitten und den Druck besorgt. Dies Büchlein, das reißenden Absatz fand und außer in Nürnberg selbst auch in vielen andern Städten verbreitet wurde, erregte beim Nürnberger Rat Befremden und Verdruß, da man fand, daß in Dingen der Glaubensstreitigkeiten schon genugsam geredet und geschrieben wäre und durch solcherlei »Geschrifft« die Verbitterung des Volkshaufens nur unnütz von neuem angestachelt würde. Sachs erhielt durch den Rat eine ernsthafte Rüge wegen Umgehung der Zensur mit dem Bemerken »es sei nicht seines Amtes und gebühre ihm nicht, Bücher zu machen. Er solle seines Handwerks und Schuhmachens warten, sich auch in Zukunft enthalten, solche Büchlein oder Reime hinfüro ausgehen zu lassen.« Die noch vorhandenen Exemplare wurden eingezogen und der Verkauf an der Frankfurter Messe untersagt. Hans Sachs schwieg fürs erste fein still, ließ vor der Hand nichts mehr im Druck ausgehen, und dachte sich seinen Teil bei der Verfügung des »ehrsamen Rates«.

Die kleine Wolke zog aber bald vorüber, und um so schneller, als sich in Nürnberg die Reformation immer mehr Gebiet erstritt und ihren endlichen Sieg feierte, als sich die Stadt 1530 einmütig zur Augsburgischen Konfession bekannte. Dieser Umschwung war von großer Bedeutung für unsern überzeugten Lutheranhänger, der andernfalls mit Rat und Regiment sicher in Konflikt geraten und seiner Überzeugung vielleicht zum Opfer gefallen wäre. Hatte nun Sachs vorher durch seine fleißige, sich nach allen Richtungen hin ausbreitende Lektüre die besten Autoren der Griechen und Römer, die Kirchenväter, Boccaccio und andere Italiener, sowie die deutschen Chroniken und Reiseberichte als Quellen für seine Dichtungen benutzt, so half er jetzt durch Schriften religiösen Inhalts am Fortbau der neugegründeten Kirche rüstig und soviel in seinen Kräften stand mit. Nicht nur, daß er seine der Marienverehrung und dem Heiligenkultus dienenden Lieder aus seiner katholischen Zeit »einer christlichen Veränderung und Korrektur« unterzog und späterhin auch nach den Psalmen zahlreiche neue Gesänge dichtete, nein, auch die damals noch seltene und wenig gekannte Bibel suchte er dem Volke näher zu bringen. Fast alle wichtigen epischen Bestandteile der Heiligen Schrift goß er in Verse und brachte jede »Histori« durch Anhängung einer moralischen Deutung zu dem Glauben und Leben des Volkes in lehrreiche Beziehung. Auch andere Büchlein ließ er wieder das Tageslicht erblicken, die dem hohen Rat nicht nur keinen Anlaß zum Einschreiten gaben, wenn dieser auch vielleicht des wackern Meisters kirchliche oder politische Gesinnung nicht teilen mochte, die des Rates würdige Herren vielmehr baß erbauten, wie den Reformator selbst, der Sachsen besonders hoch hielt, während ihn Melanchthon sogar für den bedeutendsten Dichter seiner Zeit erklärte, wie noch Herder später jedem Jahrhundert einen Hans Sachs in seiner Art wünschte. Ja selbst ein katholischer Kirchenprälat, der gefürstete Abt von Allerspach, empfand ein unbändiges Freuen, als der Nürnberger Schuhmacher dem hochwürdigen Herrn in eigener Handschrift ein Gedicht Valete »feuerneu« zueignete, das er 1567 verfaßt hatte und das einen Abriß seiner Lebensschicksale enthält, mit dem er im 71. Jahre seines Lebens gewissermaßen offiziellen

Abschied von seinen Lesern und Freunden nehmen wollte. Auch Osiander schwieg nicht, wartete aber nicht so lange wie Hans Sachs. Noch im selben Jahre (1527) erschien »Sant Hildegardten Weissagung vber die Papisten«, mit einer Vorrede von ihm, in der er auf »die andre gemalte Weissagung« hinweist; am Schluß des Büchleins aber setzt er vorsichtig hinzu: »Es sein noch viel mehr Weissagung vber die Papisten verhanden, dieweil aber Nürmberg mit namen darynne gennenet wurd, haben wirs, neyd, has und allerley unwillen zu uerhüten, wollen lenger ligen lassen«. Aber nicht nur das religiöse Wohl lag dem Dichter am Herzen, nicht nur, wenn das klagende Evangelium seine Stimme erhebt und die gemarterte Theologie sich von einer allzu geringen Zahl Getreuer umgeben sieht, erscheint Sachs mahnend oder tröstend auf dem Plane; auch auf politischem Gebiet ist er zur Stelle, um im Göttergespräch auf den »gemeinen Nutzen« hinzuweisen, daß Gott durch seine Güte

Selb all Zwietracht ableinen
Und durch sein Wort vereinen
Im Rat all Städt und Fürsten,
Daß sie nach Fried nur dürsten,
Auf daß in hohem Ruhm
Das römisch Kaisertum
Sich wieder mehr und wachs! ...

So hält er in den bösen Zeiten des Schmalkaldischen Krieges treu und fest zum Kaiser, was nicht minder von seinem politischen Blick zeugt, als die stete Aufforderung zur Bekämpfung der Franzosen und der Türken, in denen er, besonders in den Türken, mit Luther die gefährlichsten Feinde des deutschen Kaisers und des Christentums erblickt. Dabei vergißt er nicht, die deutschen Fürsten beständig zur Eintracht zu ermahnen und den Gemeinsinn in ihnen zu stärken, da er in Uneinigkeit und Verfolgung von Sonderinteressen die Hauptgefahr für das Vaterland steht.

Desgleichen weist er in seinem Schwank vom Eulenspiegel und dem Bischof in einer bemerkenswerten Unterredung die Ursachen nach, die Deutschland zerrütten und zwiespältig machen. So ist Politik und Religion unzertrennlich bei ihm, und als Christ und Patriot nimmt er regsten Anteil an allen Vorgängen im Vaterlande. Eine Zeit langen, heftigen

Kämpfens verhalf ihm erst zur Klarheit; aber als er sich hindurchgerungen, legte er seine alten religiösen Anschauungen leichten Herzens ab, und die Begeisterung für Luther und dessen große Geistestat fand in dem Epitaphium ob der Leiche Luthers ihren sprechendsten, unzweideutigen Ausdruck.

Wenden wir uns nun zu den in diesem Bande mitgeteilten Schriften selbst, die Hans Sachsens Stellung zur Reformation klar und bestimmt erkennen lassen. Sachsens Gegner, die das Gedicht von der Nachtigall als schlechtes Machwerk eines ungelehrten Laien verunglimpften und den Dichter selbst als »tollen« oder »verfluchten Schuster« hinzustellen versuchten, arbeiteten mit solchen Schmähungen dem braven Sachs nur entgegen und bewogen ihn, als Entgegnung ein weiteres Wort zu reden. Er wählte dazu die damals beliebte Form der Gespräche. In der Disputation, dem ersten der vier Gespräche, das auf Luthers Schrift »Von der christlichen Freiheit« basiert, wird u. a. das Recht der Oberherrschaft des Papstes über Kaiser und Fürsten widerlegt und dann die Anbetung Gottes im Geist und in der Wahrheit den äußerlichen kirchlichen Andachten, der Heiligenverehrung und den Scheinwerken gegenübergestellt. Der zweite, von den Scheinwerken handelnde Dialog, ist durch Luthers Schrift »Von den geistlichen und Klostergelübden« (1521) angeregt worden. Sachs legt darin die drei Gelöbnisse der Armut, der Keuschheit und des Gehorsams in ihrer ganzen Unwahrheit und Bedeutungslosigkeit bloß und ermahnt zum Schluß, sich mittels fleißigen Bibelstudiums nur durch das Wort Gottes erleuchten zu lassen. Das dritte Gespräch, dessen einleitender Brief an einen Breslauer Bürger uns über die damaligen sozialen Verhältnisse in Kürze unterrichtet, zeigt deutlich, daß man auf katholischer Seite die Schuld an der ganzen Schlechtigkeit, an dem Egoismus und der Habsucht der Zeit ausschließlich der Reformation in die Schuhe schieben wollte, oder ihr mindestens vorwarf, daß sie diesen Hauptübeln machtlos gegenüber stünde. Junker Reichenburger wehrt aber diese von Pater Romanus erhobenen Anklagen als unberechtigt ab. Das vierte und letzte Gespräch endlich, das zwischen einem »evangelischen und einem lutherischen Christen« stattfindet, erweitert den apostolischen Spruch: Lasset niemand ein Ärgernis geben, auf daß unser Amt nicht verlästert werde! und richtet sich gegen die Übereifrigen und Exzentrischen in der evangelischen Gemeinde, die den Wert und den Zweck der Reformation in den äußerlichen Freiheiten sehen, die sie gestattet (z. B. im Fleischessen an Freitagen), und durch ihren Wandel andern ein Ärgernis geben, dabei unverträglich und zänkisch sind und der neuen Lehre mit ihrem »Rumoren, Drohen und Lästern« nur schaden. Was diesen vier Gesprächen ihre Bedeutung gibt, ist der hohe Standpunkt, den Sachs in ihnen einnimmt, und der weitschauende Blick, mit dem er die Lage der Dinge erfaßt; die Kunst der Anlage, die ihn instinktiv immer das herausgreifen läßt, auf das es im gegebenen Momente ankommt, die Kraft seiner Dialektik und die bewundernswerte Schriftkenntnis, die er sich durch fleißiges Studium erwarb. Vierzig Sermone und Traktätchen Luthers besaß Sachs schon 1522; und in seinen Mußestunden vertiefte er sich ernst und feurig in die neue Lehre, um sich klipp und klar mit ihr auseinanderzusetzen. Das tat er zum Teil auch mit den vier Dialogen, deren einfache Natürlichkeit ebenso erfreut, wie die Volkstümlichkeit des Vortrags. Wohltuend berührt auch das Maßvolle neben der Wahrheitsliebe, die ihn davor bewahrt, blind zu sein gegenüber den Schwächen und Mängeln auch bei den Evangelischen.

Als Sachs am 1. Januar 1567 seine während mehr als fünfzig Jahren verfaßten Schriften und Bücher in seinem Gedicht »Summa all meiner gedicht vom 1514. jar an biß ins 1567. jar« inventarisierte, erwähnt er auch seine prosaischen Dialoge mit den Worten:

> *»Auch fand ich in mein büchern gschriben*
> *artlicher Dialogos siben,*
> *doch ungereimet in der pros,*
> *ganz deutlich, frei on alle glos ... «*

Aber kein bibliographischer oder literarhistorischer Schatzgräber hat bis heute mehr als die erwähnten vier Dialoge ans Licht fördern können. Da es nun unmöglich ist, daß die übrigen drei so ganz spurlos verschollen sein sollten, muß man eben annehmen, daß Sachs vielleicht ihrer sieben geschrieben habe, daß der Rest aber aus irgend welchen Gründen nicht zum Druck befördert wurde.

Dem Wiederabdruck dieser vier Dialoge liegen die in meinem Besitz befindlichen Exemplare zu Grunde, deren Textreinheit indessen nicht durchgehends gleich groß ist. Es sind der Reihenfolge nach zu 1. eine Eylenburger Ausgabe von 1524 (Weller Nr. 3133), zu 2. eine, Weller und Kuczynski unbekannte, Ausgabe, die die älteste und im Druck und Text zuverlässigste ist, zu 3. ein Druck (Weller Nr. 3138) und zu 4. eine (bei Weller unter Nr. 3148 angeführte) textlich ziemlich gute Ausgabe. Schon J. H. Häßlein klagte 1781, daß diese Prosadrucke besonders in guten, fehlerfreien Ausgaben sehr selten seien und man nur nach langer Hand davon einige anträfe. Ich benutzte daher, um einen möglichst vollkommenen Druck zu erreichen, die von Reinhold Köhler 1858 veranstaltete Ausgabe mit zur Korrektur. Die »Wittembergisch Nachtigall« beruht auf einem von Jörg Gastel in Zwickau und einem Eilenburger von Nicol. Wideman veranstalteten Drucke. Die folgenden Stücke »Die gemartert Theologia«, »Das klagend Evangelium«, »Das Göttergespräch über die Zwietracht«, »Die Disputation Eulenspiegels mit dem Bischof über das Brillenmachen« und »Die Klagrede ob Luthers Tode« entstammen meiner Folio-Ausgabe von 1558-1561.

Zum Schluß noch ein Wort über Hans Sachsens Sprache. Der Versbau beruht lediglich auf der Silbenzählung, denn das Gefühl für Rhythmus war verloren gegangen, da sich die Meistersinger nur an das Äußerliche der traditionellen Versmaße klammerten und in der Anzahl der Silben, ohne Rücksicht auf Ton oder Hebung, das wesentliche eines Gedichtes fanden. So enthält ein Vers also bei der stumpfen Reimung acht, bei der klingenden neun Silben. Diese Bauart eignet sich für den didaktischen wie für den epischen Vortrag gleich gut. Die Schreibung des Textes schließt sich mit vereinzelten Ausnahmen den Originalen getreu an, nur die Dingworte sind durchweg mit großen Anfangsbuchstaben geschrieben, um nicht durch allzu fremd anmutende Wortbilder das Lesen und das Verständnis zu erschweren. Von den Anmerkungen ist sparsamster Gebrauch gemacht worden, also nur in Fällen, wo sich eine Worterklärung nicht durch den Sinn ergab.

Berlin, Richard Zoozmann.
im September 1904.

Hans Sachs und die Reformation

Allen liebhabern Ewangelischer warhait/
Wünsch ich Johannes Sachs Schůchmacher/
gnad vn fryd in Christo Jesu vnserm herren.

Wacht auff es nahent gen dem tag
Ich hör singen im grünen hag
Ain wunnigkliche Nachtigall
Ir stym durchklinget berg vnd tall
Die nacht naygt sich gen Occident
Der tag get auff von Orient
Die rotprijnstige morgenröt
Her durch die trüben wolcken göt
Darauß die liechte Sun thůt blicken
Des Mones schein thůt sy verdrucken
Der ist yetz worden blaych vnd finster
Der vor mit seynem falschen glinster
Die gantzen herd schaff hat geblendt
Das sy sich haben abgewendt
Von jrem hyrten vnd der wayd
Vnd haben sy verlassen bayd
Synd gangen nach des Mones scheyn
In die wildtnuß den holtzweg ein
Haben gehört des löwen stym
Vnd seynd auch nachgeuolget jm
Der sy gefůrt hat mit lůste
Gantz weyt abwegs dieff in die wůste
Da habens jr süeß wayd verloren
Hond gessen vnkraut dystel doren
Auch legt in der löw strick verborgen
Darein die schaff fůlen mit sorgen
Da sy der löw dann fand verstricket
Zerryß er sy darnach. verschlicket
Zu solcher hůt haben geholffe
Ain gantzer hauff reyssender wolffe
Haben die ellend herd besessen

Probe aus Hans Sachsens »Wittembergisch Nachtigall«.
Anfang der Vorrede und des Gedichts.

Die Wittembergisch Nachtigall

Wacht auf, es nahent gen dem Tag!
Ich hör singen im grünen Hag
Eine wunnikliche Nachtigal;
Ihr Stimm durchklinget Berg und Tal.
Die Nacht neigt sich gen Occident,
Der Tag get auf von Orient,
Die rotbrünstige Morgenret
Her durch die trüben Wolken get.
Daraus die liechte Sunn tut blicken,
Des Mondes Schein tut sich verdricken;
Der ist iez worden bleich und finster,
Der vor mit seinem falschen Glinster
Die ganzen Hert Schaf hat geblent,
Das sie sich haben abgewent
Von ihrem Hirten und der Weid
Und haben sie verlaßen beid,
Sind gangen nach des Mones Schein
In die Wiltnus den Holzweg ein,
Haben gehört des Leuen Stim
Und seint auch nachgefolget im,
Der sie geführet hat mit Liste
Ganz weit abwegs tief in die Wiste.
Da habens ir süß Weid verloren,
Hant geßen Unkraut, Distel, Doren;
Auch legt in der Leu Strick verborgen,
Darein die Schaf fielen mit Sorgen.
Da sie der Leu dann fant verstricket,
Zuriß er sie, darnach verschlicket.
Zu solcher Hut haben geholfen
Ein ganzer Hauf reißender Wolfen,
Haben die ellent Hert beseßen

Mit Scheren, Melken, Schinden, Freßen;
Auch lagen viel Schlangen im Gras,
Sogen die Schaf on Unterlas
Durch all Gelid biß auf das Mark.
Des wurden die Schaf dürr und arg
Durchaus und aus die lange Nacht
Und sint auch allererst erwacht,
So die Nachtigal so hell singet,
Und des Tages Gelenz herdringet,
Der den Leuen zu kennen geit[2],
Die Wolf und auch ir falsche Weit.
Des ist der grimmig Leu erwacht,
Er lauret und ist ungeschlacht
Ueber der Nachtigal Gesang,
Das sie meldt der Sunnen Aufgang,
Davon sein Kunigreich ent nimt.
Des ist der grimmig Leu ergrimt,
Stellt der Nachtigal nach dem Leben
Mit List vor ir, hinden und neben;
Aber ir kan er nit ergriefen,
Im Hag kan sie sich wol verschliefen
Und singet frölich fir und fir.
Nun hat der Leu vil wilder Tir,
Die wider die Nachtigal blecken,
Waldesel, Schwein, Böck, Katz und Schnecken;
Aber ir Heulen ist als fehl
Die Nachtigal singt in zu hel
Und tut sie all ernider legen,
Auch tut das Schlangengzücht sich regen,
Es wispelt ser und widerficht
Und fürchtet ser des Tages Licht.
In wil entgen die elent Hert,
Darvon sie sich haben genert
Die lange Nacht und wol gemest,

---

2 geit, gibt

Loben, der Leu sei noch der best,
Sein Weid die sei süß unde gut,
Wünschen der Nachtigal die Glut.
Desgleichen die Frösch auch quacken
Hin und wider in iren Lacken
Ueber der Nachtigal Gedön,
Wann ir Waßer wil in entgen;
Die Wildgens schreien auch gagag
Wider den hellen liechten Tag
Und schreien in Gemeine al:
Was singet Neus die Nachtigal?
Verkündet uns des Tages Wunne,
Sam³ macht allein fruchtbar die Sunne,
Und verachtet des Mones Glest.
Sie schwig wol still in irem Nest,
Macht kein Aufrur under den Schafen.
Man solte sie mit Feuer strafen,
Doch ist diß Mortgschrei als umbsunst;
Es leuchtet her des Tages Brunst,
Und singt die Nachtigal so klar,
Und ser vil Schaf an diser Schar
Keren Wider aus diser Wilde
Zu irer Weid und Hirten milde.
Etlich melden den Tag mit Schal,
In Maß recht wie die Nachtigal.
Gen den die Wölf ir Zen tun blecken,
Jagen sie ein die Dornenhecken
Und martern sie biß auf das Blut
Und droen in bei Feuers Glut:
Sie sollen von dem Tage schweigen;
So tunt sie in die Sunnen zeigen.
Der Schein niemant verbergen kan.
Nun das ir klärer mugd verstan,
Wer die lieblich Nachtigal sei,

---

3   sam, als ob

Die uns den hellen Tag ausschrei:
Ist Doctor Martinus Luther,
Zu Wittenberg Augustiner,
Der uns aufwecket von der Nacht,
Darein der Monschein uns hat bracht;
Der Monschein deut die Menschen Lere
Der Sophisten hin unde here
Innerhalb der vierhundert Jaren;[4]
Die seint nach ir Vernunft gefaren
Und hant uns abgefüret fer[5]
Von der evangelischen Ler
Unseres Hirten Jesu Christ
Hin zu dem Leuen in die Wist.
Der Leo wirt der Bapst genent,
Die Wüst das geistlich Regiment,
Darin er uns hat weit verfürt
Auf Menschenfünt[6], als man jetzt spürt.
Damit er uns geweidnet hat,
Deut den Gotzdienst, der iezunt gat
In vollem Schwank auf ganzer Erden
Mit Münich, Nonnen, Pfaffen werden,
Mit Kutten tragen, Kopf bescheren,
Tage und Nacht in Kirchen pleren,
Metten, Prim, Terz, Vesper, Complet,
Mit Wachen, Fasten, langen Bet.
Mit Gertenhauen, kreuzweis Ligen,
Mit Knien, Neigen, Bücken, Bigen,
Mit Glockenleuten, Orgelschlagen,
Mit Heiltum, Kerzen, Fanen tragen,
Mit Räuchern und mit Glockentaufen,
Mit Lampenschüren, Gnad verkaufen,
Mit Kirchen, Wachs, Salz, Waßerweien;

---

4 Auf Gregor VII. (1076) gemünzt

5 fer, fern

6 Fünt, Anschläge, Ränke

Und desgleichen auch die Leien
Mit Opfern und dem Liechtlein brinen,
Mit Walfart und den Heiling dinen,
Den Abent fasten, den Tag feiren
Und Beichten nach der alten Leiren,
Mit Brüderschaft und Rosenkrenzen,
Mit Ablaßlesen, Kirchenschwenzen,
Mit Pacemküßen, Heiltumschauen,
Mit Messstiften und Kirchenbauen,
Mit großem Kost die Altar zieren,
Tafel auf die Welschen monieren,
Sammate Messgwant, Kellich gülden,
Mit Monstranzen und Silbern bilden,
In Klöster schaffen Rent und Zinst,
Diß alles heißt der Bapst Gotzdinst,   *Es sagt unser*
Spricht: man verdient damit den Himel   *Gardion auch,*
Und löst mit ab der Sünden Schimel.   *es seie war.*
Ist doch als in der Schrift ungrünt,
Eitel Geticht und Menschensünt,
Darin Got kein Gefallen hat.
Matthei am fünfzehnten stat:
Vergebenlich dienen sie mir
In den Menschengesetzen ir;
Auch so wirt ein iegliche Pflanze
Vertilgt und ausgereutet ganze,
Die mein Vatter nit pflanzet hat.
Hör zu, du ganz geistlicher Stat,
Wo bleibst mit dein ertichten Werken?
Nun lat uns auf die Mortstrick merken:
Bedeuten uns des Bapstes Netz,   *Das uns Christus*
Sein Decretal, Gebot, Gesetz,   *heißt nemen*
Damit er die Schaf Christi zwinget;   *zu Vergebung*
Mit Ban er zu der Beicht uns dringet,   *unser Sünd.*
All Jar zum Sacrament zu gan,   *Matth, xxvi.*
Verbeut das Blut Christi beim Ban,
Gebeut beim Ban, alle Jar

Zu fasten vierzig Tag fürwar.   Das hat uns
Sunst vil Tag und vier Quatemer,   Christus frei
Auch zu meiden Fleisch und Eier;   gelassen.
Zu feiren vil Tag er gebeit,
Verbeut etlich Tag die Hochzeit,
Gefatterschaft und etlich Grat;
Zu heiratn er verboten hat   Das ist ietz
Münich und Pfaffen bei dem Ban;   überal Sit,
Doch mügen sie wol Huren han,   Got erbarms.
Frummen Leuten ir Kinder letzen,[7]
und fremde Eweiber einsetzen.
Unzal hat der Bapst solcher Bot,
Der doch keins hat geboten Got;
Jagt die Leut in Abgrunt der Hel,
Zu dem Teufel mit Leib und Sel.
Paulus hat in gezeiget on
Am vierten zu Timotheon
Und spricht: der Geist saget deutlich,
Das zu den letzten Zeiten, sich,
Etlich vom Glauben werden treten,
Und anhangen des Teufels Reten,
Werden Leuten die E verbieten
Und etlich Speis, die Got durch Gieten[8]
Beschaffen hat mit Danksagung.
Ich mein, das sei ie klar genung.
Nun lat uns schauen nach den Wolfen,
Die dem Bapst han darzu geholfen,
Zu führen solche Tyrannei:
Bischof, Probst, Pfarrer und Abtei,
All Prelaten und Selsorger,
Die uns vorsagen Menschen Ler
Und das Wort Gottes underdrucken,
knmmen mit vorgemelten Stucken,

---

7   letzen, verletzen

8   Gieten, Güte

*Und wenn mans sich bei dem Licht besicht,
Ist es als auf das Gelt gericht.
Man muß Gelt geben von dem Taufen,
Die Firmung muß man von in kaufen,
Zu Beichten muß man geben Gelt,
Die Mess man auch umb Gelt bestelt,
Das Sacrament muß man in zalen,
Hat man Hochzeit, man geit in alen,
Stirbt eins, umb Gelt sie es besingen,
Wers nit wil tun, den tunt sie zwingen,
Und solt es einen Rock verkaufen.
Also sie uns die Woll ausraufen;
Und was sie lang ersimoneien,[9]
Sie wider umb Wucher hinleien.
Von zweinzig Gulden ein Malter Koren,
Ich mein, das heißt die Schaf geschoren;
Auch wie sie hart das Volk maulbanden
Mit den Zehenden auf den Landen,
Wie man sie bannet umb die Gilt[10]
Da man mit in des Herrgotz spilt,
Und sie mit Liechten tut verschißen.
Die armen Bauren fronen mißen,
Das die starken Schintfeßel[11] feiren,
Halb Zeit in dem Wirtzhaus umbleiren.
Vier Opfer muß man in auch reichen
Und den Messpfenning desgeleichen,
Und darzu an den Feiertagen
Laßen sie Täfelein rumb tragen;
All Kirchweih sie nach Gelt auch dichten,
Ein Jarmark mit Heiltum aufrichten,
Darbei sie Ablaßbullen haben,
Geltstöck lant sie in Kirchen graben,*

Da muß oft der Wein an Stöcken erfaulen, erfriesen (erfrieren), biß mein Herr Probst erlaubet, zu lesen.

Als dem Sack zu, der kein Boden hat.

---

9   ersimoneien, durch Simonie erwerben
10   Gilt, Schuld
11   Schintfeßel, Troßbube

Also richt man dem armen Volke;
Das heißt die Schaf Christi gemolke!
Auch kommen Stationierer,
Antonier, Valentiner,
Die sagen vil erlogner Wort,
Das sei geschehen hie und dort,
Bestreichen Frauen unde Man
Mit eim vergulten Eselszan
Und erschinden auch Geltes Kraft,
Schreiben Leut in ir Brüderschaft,
Holen die Zinst alljärlich Jar.
Darnach kumt ein ersame Schar,
Heißt man zu teutsch die Romanisten,
Mit großen Ablaßbullen Kisten,
Richten auf rote Kreuz mit Fanen,
Und schreien zu Frauen und Mannen:
Legt ein, gebt euer Hilf und Steuer,
Und löst die Sel aus dem Fegfeuer,
Bald der Gulden im Kasten klinget,
Die Sel sich auf gen Himel schwinget.
Wer unrecht Gut hat in seim Gwalt,
Dem helfen sie es ab gar balt;
Auch gebens Brief für Schult und Pein,
Da legt man in zu Gulden ein.
Der Schalkstrick sein so mancherlei.
Das heißt mir römisch Schinderei.
Fürbaß merket von den Bischöfen,
Wie es zugeh an iren Höfen,
Mit Notari, Officiellen,
Mit Citazschreibern und Pedellen
An irem falsch geistlichen Recht,
Wie man da schindet Meit und Knecht,
Auch wie man da zureiß[12] *die E,*
Und nimmet Gelt und anders me,

Ablaßkrämer.
O das Christus
bald keme und
jagt Käufer und
Verkäufer us
dem Tempel
Matth, xxi.

Ein Paßport
an den Teufel.

Heinz, gib x
Gulden, so bist
ledig, wilt nit,
so must Elsen
haben mit vollem
Nutz oder in Bann
sein. Gib Gelt oder
Blut. Welt, du bist
dem Pfarrer xiiii
Pfennig
.

---

12   zureißen, zerreißen

Und nöt sie auch, zusam zu globen[13];
Auch wie sie mit den Leuten toben,
Die man zu in jagt in der Beicht,
Die etwan gehen han villeicht
Fleisch oder Eier in der Fasten;
Das tunt sie also scharpf antasten,
Als het einer ein Mort getan,
Auch wie sie umbgent mit dem Ban,
Wie sie in beschwern und verneuren,
Auch wie das arme Volk sie steuren.
Auch mit dem Wilt und dem Gejeit
Tunt sie im Schaden am Getreit,
Halten Rauber in iren Flecken,
Die rauben, morden, stöcken, blecken.
Auch füren Bischof Krieg mit Trutz,
Vergießen vil christliches Blutz,
Machen ellent Witwen und Weisen,
Dörfer verbrennen, Stät zureifen,
Die Leut verderben, schätzen, preßen,
Ich mein, das heiß die Schaf gefreßen.
Christus solch Wolf verkündet hat,
Matthei am sibenden es stat:
Secht euch für vor falschen Propheten,
Die in Schafkleidern herein treten,
Inwendig reißent Wolf ers nennet,
An iren Früchten sie erkennet.
Marci am zwölften ers erklerte.
Spricht: Habt acht auf die Schriftgelerte,
Die gern gen in langen Kleidern
Und laßen sie auch grüßen gern
Am Mark und Gaßen, wo sie stan.
Und sitzen geren oben an
In Schulen und auch bei dem Eßen.
Den Witwen sie ir Häuser freßen

schuldig, löst du
dich nit, so tunt wir
dich in sweren Bann

---
13 globen, geloben

Und wenden für lange Gebet,
Darumb so werden sie, verstet,
Dester mer in Verdamnus falen.
O, wie tut hie Christus abmalen
Unser Geistlicher gottlos Wesen,
Sam wer er iez bei in gewesen!
Darbei kennt man sie unter Augen.
Die Schlangen, so die Scheflin saugen   Scilicet, Rosen-
Sint Münich, Nunnen, der faul Haufen,   kranz,
Die ire gute Werk verkaufen   Psalter unser
Umb Gelt, Kes, Eier, Liecht und Schmalz,   Frauen,
Um Hüner, Fleisch, Wein, Koren, Salz,   himmlisch Her.
Damit sie in dem Vollen leben   Da luff wir dann
Und samlen auch groß Schetz darneben.   haufenweis zu.
Vil neuer Fünt sie stets erdichten,
Vil Bet und Brüderschaft aufrichten,
Vil Treum, Gesicht und kindisch Fet[14],
Das in der Bapst denn als bestet[15],
Nimt Gelt und geit Ablaß darzu,
Das schreiens dann aus spat und fru.
Mit solcher Fabel und Abweis[16]
Hant sie uns gefürt auf das Eis,
Das wir das Wort Gottes verließen
Und nur teten, was sie uns hießen,
Vil Werk, der Got doch keins begert;
Hant uns den Glauben nie erklert   Sonder Histori,
In Christo, der uns selig macht.   Fabel und Merlein.
Diser Mangel bedeut die Nacht,
Darin wir alle irr seint gangen.
Also hant uns die Wolf und Schlangen
Biß in das vierthalbhundert Jar
Behalten in ir Hut fürwar

---

14   Fet, Wesen

15   als bestet, alles bestätigt

16   Abweis, Torheit

Und mit des Bapsts Gewalt umbtriben,
Biß Doctor Martin hat geschriben
Wider der Geistlichen Mißbrauch
Und widerum aufdecket auch
Das Wort Gottes, die Heilig Schrift
Er müntlich und schriftlich ausrift,
In vier Jaren bei hundert Stucken
In teutscher Sprach, und lat sie drucken.
Das man verste, was er tu leren,
Wil ich kurzlich ein weng erkleren.
Gottes Gesetz und die Propheten
Bedeuten uns die Morgenreten;
Darin zeigt Luther, das wir al
Miterben seint Adames Fal
In böser Begir und Neigung,
Deshalb kein Mensch dem Gsetz tut gnung.
Halt wirs schon auswendig im Schein,
So ist doch unser Herz unrein
Und zu allen Sünden geneiget,
Das Moses ganz klerlich anzeiget.
Nun seit das Herz dann ist vermeilet[17],
Und Got nach dem Herzen urteilet.
So sei wir all Kinder des Zoren,
Verflucht, verdamet und verloren;
Wer solches im Herzen empfint,
Den nagen und beißen sein Sint
Mit Trauren, Angst, Forcht, Schrecken, Leit,
Und erkent sein Unmüglichkeit[18];
Dann wirt der Mensch demutig ganz,
So dringet her des Tages Glanz,
Bedeut das Evangelium,
Das zeigt dem Menschen Christum,
Den Eingebornen, Gottesson,

---

17   vermeilet, befleckt
18   Unmüglichkeit, Schwäche

Der alle Ding für uns hat ton,
Das Gsetz erfüllt mit eignem Gwalt,
Den Fluch vertilgt, die Sunt bezalt
Und den ewign Tot überwunden,
Die Hell zerstört, den Teufel bunden
Und uns bei Got erworben Gnat,
Als Johannes gezeiget hat
Und Christum ein Lamb Gotz verkünt,
Das hinnimt aller Welte Sünt.
Auch spricht Christus, er sei nit kamen
Auf Ert den Gerechten und Frumen,
Sondern den Sündern; er auch spricht.
Der Gsunt bedürf keins Arztes nicht.
Auch Johannis am dritten melt:
Got hat so lieb gehabt die Welt,
Das er gab sein einigen Sun;
All, die an in gelauben tun,
Dieselben sollen nit verderben
Noch des ewigen Todes sterben,
Sunder haben das ewig Leben.
Auch spricht Christus am eilften eben:
Wellicher gelaubet in mich,
Der wirt nicht sterben ewiklich.
So nun der Mensch solch tröstlich Wort
Von Jesu Christo sagen hort
Und das gelaubt und darauf baut
Und den Worten von Herzen traut,
Die im Christus hat zugesagt,
Und sich on Zweifel darauf wagt,
Derselb Mensch neu geboren heist
Aus dem Feuer und heiling Geist
Und wirt von allen Sünden rein,
Lebt in dem Wort Gottes allein,
Von dem in auch nit reißen künde
Weder Hel, Teufel, Tot noch Sünde.

Wer also ist im Geist verneit[19],
Der dient Got im Geist und Warheit,
Das ist: daß er Got herzlich libt
Und sich im ganz und gar ergibt,
Helt in für ein gnedigen Got;
In Trübsal, Leid, in Angst und Not
Er sich als Gutz zu im versicht;
Got geb, Got nem, und was geschicht,
Ist er willig und Trostes vol
Und zweifelt nit, Got wöll im wol
Durch Christum Jesum seinen Sun,
Der ist sein Frid, Ru, Freud und Wun
Und bleibt auch sein einiger Trost.
Wem solcher Glaube ist genost[20],
Derselbig Mensch der ist schon sellig,
All seine Werk sind Got gefellig,
Er schlaf, er trink, oder arbeit;
Solcher Gelaub sich dann ausbreit
Zu dem Nechsten mit warer Liebe,
Das er kein Menschen tut betriebe,
Sunder übt sich zu aller Zeit
In Werken der Barmherzigkeit,
Tut jedermann herzlich als Gutz
Aus freier Lieb, sucht keinen Nutz,
Mit Raten, Helfen, Geben, Leihen,
Mit Leren, Strafen, Schult verzeihen,
Tut iedem, wie er selbst auch wolt,
Als das von im geschehen solt.
Solchs würkt in im der heilig Geist;
Also das Gsetz erfüllet heist:
Christus Matthei am sibenden.
Hie merk, das dises allein sen
Die waren christlich guten Werke,

---

19   verneit, erneuert

20   genost, zugesellt (von Genosse)

Hie muß man aber fleißig merke,   *Zweimal hundert tausend,*
Das sie zur Seligkeit nit din.
Die Seligkeit hat man vorhin   *34 tausend, 518 Gulden.*
Durch den Gelauben in Christum.
Diß ist die Ler kurz in der Sum,   *Dise christliche Stucke*
Die Luther hat an Tag gebracht.
Des ist Leo, der Bapst, erwacht   *suchet der Babst zu beschützen*
Und schmecket gar bald disen Braten,
Forcht, im entgiengen die Annaten[21],
Und würt im das Bapstmonet lom[22],
Darin er zeucht die Pfrünt gen Rom.
Auch würt man sein Ablaß nim[23] kaufen,
Auch niemant gen Rom Walfart laufen,
Würt nimmer künnen schätzen Gelt,
Würt auch nimmer sein Herr der Welt,
Man würt nim halten sein Gebot,
Sein Regiment würt ab und tot,
So man die rechten Warheit wist;
Darumb brauchet er schwinder List,
Het die Warheit geren verdricket
Und balt zu Herzog Fridrich schicket,
Das er die Bücher brennt mit Nom
Und im den Luther schickt gen Rom.
Jedoch sein chursürstlich Genat
Christlich ob im gehalten hat,
Zu beschützen das Gotteswort,
Das er dann merket, prüft und Hort.
Da dem Bapst diser Grif was fel[24],
Schickt er nach im gen Augspurg schnel;
Der Cardinal bot im, zu schweigen,
Und kunt im doch mit Schrift nit zeigen

---

21 Annaten, die Hälfte der Zinsen des ersten Jahrs auf allen geistlichen Lehen
22 lom, lahm
23 nim, nicht mehr
24 fel, fehlschlagen

Klerlich, daß Luther het geirt;
Da dem Bapst diß auch nit gieng firt[25],
Tet er den Luther in den Ban
Und alle, die im hiengen an,
On all Verhör, Schrift und Probir.
Doch schrib Luther nur fir und fir
Und ließ sich dise Bull nit iren.
Erst tet in der Keiser citiren
Auf den Reichstag hinab gen Wurms;
Da erlit Luther vil des Sturms.
Kurzumb, er solt nun revocieren
Und wolt doch niemant disputieren
Mit im und in zum Ketzer machen.
Des blib er bstendig in sein Sachen,
Und gar kein Wort nit widerrift,
Wann es war ie all sein Geschrift
Evangelisch, apostolisch.
Des schid er ab frölich und frisch
Und ließ sich kein Mandat abschrecken.
Das wilde Schwein deut Doctor Ecken,
Der vor zu Leipzig widr in facht
Und vil grober Seu davon bracht.
Der Bock bedeutet den Emser,
Der ist aller Nunnen Tröster;
So bedeutet die Katz den Murner,
Des Bapstes Mauser, Wachter, Turner;
Der Waltesel den Barfüßer
Zu Leipzig, den grobn Lesmeister.
So deut der Schneck den Cochleum,
Die Fünf und sonst vil in der Sum
Hant lang wider Lutherum gschriben;
Die hat er alle von im triben,
Wann ir Schreiben het keinen Grunt,
Nur auf langer Gewonheit stunt,

Das Türkenregiment hat lang gewert, ist darumb nit aus Gote.

---

25   firt, von stattengehen

Und künden nichts mit Schrift probiren,
So tet Luther stets Schrift einfiren,
Das es ein Bauer merken mecht,
Das Luthers Ler sei gut und grecht.
Des wurden siglos und unsinnig
Nun die Schlangen, Nunnen und Minnich,
Wöllen ir Menschenfünt verteding,
Und schreien laut an iren Preding:
Luther sagts Evangelium,
Hat er auch Brief und Siegel drum,
Das Evangelium war sei?
Luther richt auf neu Ketzerei,
O liebs Volk, lat euch nit verfiren,   *Wems not sei,*
Die römisch Kirch, die kan nit iren;   *der reusper sich.*
Tut gute Werk, halt bäpstlich Bot,
Stift und opfert, es gefellt Got;
Lat Mess lesen, es komt zu Steur
Den armen Selen im Fegfeur;
Dient den Heiling und ruft sie an,
Tut fleißg gen Vesper, Complet gan;
Die Zeit ist kurz, ein jedes merke,
Macht euch teilhaftig unser Werke;   *Ein Mess*
Wir singen, schreien oft mit Kraft,   *um xii Pfennig.*
So ir doheimen ligt und schlaft.
Des waren Gotzdienst tunt sie schweigen,   *Der Pfaff der*
Tanzen nach irer alten Geigen   *last, was im*
Und tunt sich schmeichlen um die Leien.   *geprast, die Baurn*
Ir Weinkeller wil in verseien[26],   *wolten nim opferen.*
Ir Korenböden werden ler,
Man wil in nimmer tragen her;
Haben doch willig Armut globt,
Jez sicht man, wie ir Haufen tobt,
So in abget in iren Kuchen,
Wie sie den Luther schmehen, fluchen

---

26   verseien, versiegen

Ein Erzketzer, Schalk und Böswicht,
Geit²⁷ sich doch keiner an das Licht,
Tunt nur under den Hütlein²⁸ stechen,
Schreien, sam Wüllen sie zubrechen,
Wo sie bei iren Nunnen sitzen,
Und machen auch, das sie erhitzen
Wider das Evangelium,
Wie man iez spüret umetum.
Die Frösch quacken in iren Hulen²⁹,
Bedeuten etlich hohe Schulen,   Exemplum Paris
Die auch wider Lutherum pleren,   und Löwen.
Und das on all Geschrift beweren.
Das Evangeli tut in we,
Ir heidnisch Kunst gilt nit als eh,   Scilicet Aristoteles,
Damit all Doctor sind gelert,   Plato, Virgilius.
Die uns die Schrift haben verkert
Mit irer heidenischen Kunst;
Auch tragen dem Luther Ungunst
Die Wildgens, deuten uns die Leien,
Die in verfluchen und verspeien:
Was wil der Münich neues leren   Christus spricht:
Und die ganz Christenheit verkeren?   Komment zu mir,
Unser gut Werk tut er verhinen³⁰,   ich wil euch
Wil, man sol den Heiling nit dinen,   erquicken.
Zu Got allein sollen wir gelfen³¹,   Secundum ordinem
Kein Creatur müg uns gehelfen;   romanorum,
Unser Walfart er auch abstelt,   als denn war ist.
Von Fasten, Feiern er nit vil helt,
Wie wirs lang hant gehabt im Brauch,
Desgleich von Kirchen stiften auch,

---

27   geit, gibt

28   Hütlein stechen, Schnippchen schlagen

29   Hul, Loch

30   verhinen, verhöhnen

31   gelfen, um Hilfe schreien

Die Orden heißt er Menschenfünt;
Auch schreibt Luther, es sei kein Sünt,
Dann was uns hab verboten Got;
Veracht damit des Bapsts Gebot,
Römischen Ablaß auch veracht,
Spricht, Christus hab uns selig gmacht,
Wer das gelaubt und der hab gnug.
Ich mein, der Münich sei nicht klug,
Denkt nit, es sein vor Leut gewesen,
Die auch haben die Schrift gelesen.
Unser Eltern, die vor uns waren,   *Scilicet Thomas,*
Sint ie auch nit gewesen Naren,   *Scotus, Alexander*
Die soliche Ding uns han gelert,   *de Ales.*
Hat etlich hundert Jar gewert;
Sölten die alle han geiret,
Und uns mit samt in habn verfiret,
Das wöll Got nit; das wil ich treiben
Und in meim alten Glauben bleiben.
Luther schreibt selzam Abenteuer,
Man solt in werfen in ein Feuer,
In und all sein Anhang vertreiben,
Diß hört man vil von alten Weiben,
Von Zopfnunnen[32] und alten Mannen,
Die das Evangeli anzannen[33],
Verachten es in tollem Sin,
Und stet doch unser Heil darin!
Doch hilft als Widerbellen nicht,
Die Warheit ist kummen ans Licht;
Deshalb die Christen widerkehren
Zu den evangelischen Leren
Unseres Hirten Jesu Christ,
Der unser Aller Löser ist,
Des Glaub allein uns selig macht.

---

32   Zopfnunne, die das Klostergelübde nicht abgelegt, Begine
33   anzannen, anfletschen (Zähne zeigen)

Des seint all Menschensünt veracht
Und die bäpstling Gebot vernicht
Für Lugen und Menschengeticht,
Und hangen nur an Gottes Wort,
Das man iez hört an manchem Ort
Von manchem christenlichen Man.   Got sei Lob,
Nun nemen sich die Bischof an,   der seint on Zal vil.
Mit samt etlich weltlichen Fürsten,
Die auch nach Christenblut tut dürsten,   Rat, wer
Laßen solich Prediger fahen,   sind die?
In Gefenknus und Eisen schlahen
Und sie zu widerrufen dringen,
In auch ein Lied vom Feuer singen,
Das sie möchten an Got verzagen;   Ja, lieber,
Das heißt die Schaf int Hecken jagen.   ja, groß Herren
Der tut man vil heimlich verlieren,   achten heiliger
So sie gleich ire Ler probieren;   Schriften aber nit.
Eins Teils bleiben im Eisen bant,
Eins Teils verjagt man aus dem Lant.
Luthers Geschrift man auch verbrent,
Und verbeut sie an manchem Ent
Bei Leib und Gut und bei dem Kopf;
Wen man ergreift, der leßt den Schopf,
Oder jagt in von Weib und Kint;   Owe sweig,
Das ist des Entchrists Hofgesint.   des ist zu vil.
Christus das als verkündet hat,
Matthei am zehenden es stat:
Nemt war, ich sende euch wie Schafe
Mitten unter der Wölfe Hafe[34];
Darumb seit wie die Schlange klug,
Und wie die Tauben on Betrug
Und hüt euch vor den Menschen, sie
Wern euch überantworten ie
Für ire Ratheuser und den

---

34 Hafe, Haufe

Euch geiseln in iren Schulen
Und werden euch für Fürsten, Kinge
Umb mein Willen gefangen bringe.
Dann sorgt nichts, was ir reden wolt,
Es wirt euch geben, was ir solt
Reden durch Euers Vatters Geist,
Ein Freunt gem andern wirt erbeist[35]
Und im den Tot anhelfen dan.
Ir wert gehaßt von iederman
Umb willen meines Namens hellig[36].
Wer an das Ent verharrt, wird sellig,
Verfolgt man euch von einer Stat,
So ziehet in ein andre drat[37].
Auch kumt die Zeit, und wer euch tot[38],
Wirt mein, er diene damit Got,
Fürcht die nit, die euch den Leib töten,
Der Sel künnen sie nit genöten[39].
Ir Christen, merkt die trostling Wort,
So man euch fecht[40] *hie oder dort,*
Lat euch kein Tyrannei abtreiben,
Tut bei dem Wort Gottes beleiben,
Verlaßet e Leib unde Gut.
Es wirt noch schreien Abels Blut
Ueber Cain am jüngsten Tag.
Lat morden, was nur morden mag,
Es wirt doch kommen an das Ent
Des waren Entchrists Regiment.
Apocalypsis stet es hel,
Am achtzehenden Capitel

Der Curtisanne mit samt dem römischen Hofgesind.

---

35 erbeist, erbittert

36 hellig, heilig

37 drat, schnell

38 tot, tötet

39 genöten, schaden

40 fecht, fängt

Schreit der Engel mit lautem Schallen
Zweimal: Babylon ist gefallen,
Ein Behausung der Teufel woren,
Wann von dem Wein des grimmen Zoren
Ir Unkeusch hant all Heiden trunken
In irer Unkeusch seint versunken
Künig und Fürsten diser Erden;
Auch ire Kaufleut ganz reich werden,
Hantieren mit der Menschen Selen.
Darnach weiter tut er erzelen:
Und ein andre Stimm hört ich schir:
Mein liebes Volk, get aus von ir.
Wann ir Sunt ist für Got aufkommen;
Der hat irs Frevels wargenommen,
Zalt sie, wie sie euch hat bezalt,   Wir sind
Und widergeltet ir zwifalt;   des römischen
Wann sie spricht ie in irem Herzen: Reichs Erb.
Ich sitz ein Künigin on Schmerzen,
Und ist sicher in irem Dunken
Und von der Heiling Blut ganz trunken
Darumb so werden ire Plag
Zusam kommen auf einen Tag,
Der Tot, leit Hungers, alles Ant[41]*,*
Und mit Feuer wirt sie verbrant.
Dann warlich stark ist Got der Her,
Der sie wirt richten. Nun hört mer:
Daniel an dem neunten melt
Und alle Warzeichen erzelt,   Treibt uns
Das man ganz klerlich mag verston,   Menschen Gebot
Das Bapsttum deut das Babylon,   aus
Von dem Johannes hat geseit.   euren Gewißen.
Darumb, ir Christen, wu ir seit,
Kert wider aus des Bapstes Wiste
Zu unserm Hirten Jesu Christe;

---

41   Ant, Weh

Derselbig ist ein guter Hirt,
Hat sein Lieb mit dem Tot probirt,
Durch den wir alle sein erlost,
Der ist unser einiger Trost
Und unser einige Hoffnung,
Gerechtigkeit und Seligung,
All die glauben in seinen Namen,
Wer das beger, der spreche Amen.

Anno salutis 1323. Am 8. Tage Yulij.

Disputacion zwischen ainem Chorherzenn vnnd Schüchmacher darin das wott gottes vnd ein recht Cristlich Wesen verfochtten wirtt.

Hanns Sachs. M D XXiiii.
Ich sag euch / wa dise schweige / so werde die stein schreie. lu. 19

SCHUSTER. Bonus dies, Köchin!
KÖCHIN. Semper quies! Seit wilkum, Meister Hans!
SCHUSTER. Got dank euch! Wo ist der Herr?
KÖCHIN. Er ist im Sommerhaus, ich wil im rufen. Herr, Herr! Der Schuchmacher ist da.
CHORHERR. Beneveneritis, Meister Hans!
SCHUSTER. Deo gratias!
CHORHERR. Was, pringt ir mir die Pantoffel?
SCHUSTER. Ja, ich gedacht, ir wert schon in die Kirchen gangen.
CHORHERR. Nein, ich bin hinden im Sommerhaus gewest und han abgedroschen[42].
SCHUSTER. Wie? Hont ir gedroschen?
CHORHERR. Ja, ich han mein Horas gebet und han almit[43] meiner Nachtigal zu eßen geben.
SCHUSTER. Herr, was hant ir für ein Nachtigal? Singt sie noch?
CHORHERR. O nein, es ist zu spat im Jare.
SCHUSTER. Ich weiß ein Schuchmacher, der hat ein Nachtigal, die hat erst angefangen zu singen.
CHORHERR. Ei, der Teufel hol den Schuster mit sampt seiner Nachtigal. Wie hat er den allerheiligsten Vater den Bapst, die heiligen Väter und uns wirdige Herren außgeholhipt[44], wie ein Holhipbub.
SCHUSTER. Ei Herr, fart schon! Er hat doch nur euren Gotsdienst, Ler, Gebot und Einkommen dem gmeinen Man angezeigt und nur slecht obenüberhin. Ist dann solches euer Wesen Holhippelwerk?
CHORHERR. Was get es aber solchs unser Wesen den tollen Schuster ane?
SCHUSTER. Es steht Exodi am xxiij »so du deines Feindes Esel under dem Last sihest ligen, nit laß in, sonder hilf im.« Solt dann ein getaufter Christ seinem Bruder nit helfen, so er in sech ligen in der Beschwerd seiner Gewißen?

---

42 Mit abgedroschen ist das mechanische Herunterleiern von Gebeten gemeint, was sich im Munde eines Chorherrn doppelt frivol ausnimmt.
43 almit, gleichzeitig
44 ausholhippen, schelten, schlecht machen von Holhippen, einem Gebäck, das die Bäckerjungen austragen, denen ein loses Mundwerk nachgesagt wird

CHORHERR. Er solt aber die Geistlichen und Geweichten nit darein gemengt han, der Eselskopf, die wißen vor wol was Sünd ist.

SCHUSTER. Seint sie aber sündigen, so spricht Ezchiel xxxiij »sihest du deinen Bruder sündigen, so straf in oder ich wil sein Blut von deinen Henden fodern.« Derhalb sol und muß ein Getaufter seinen sündigen Bruder strafen, er sei geweicht oder nit.

CHORHERR. Seit ir evangelisch?

SCHUSTER. Ja.

CHORHERR. Habt ir nit gelesen im Evangelio Matthei am vij »richtet nit, so werdt ir nit gericht.« Aber ir Lutherischen nembt solche Sprüch nit zu Herzen, sucht in auch nit nach, wann sie sein wider euch.

SCHUSTER. Strafen und richten ist zweierlei, wir understen uns nit zu richten, welchs allein Got zu gehört, wie Paulus sagt zun Römern am xiiij »niemant sol einem andern seinen Knecht richten etc.«, sonder ermanen und strafen, wie Got durch den Propheten Esaiam am lviij spricht »schrei, hör nit auf, erhöch dein Stimm wie ein Busaun zu verkünden meinem Volk sein Missetat etc.«

CHORHERR. Es stet auch Exodi xij »du solt den Obern nit schmehen in deinem Volk.«

SCHUSTER. Wer ist dann der Oberst im Volk, ists nit der Keiser und nachmals Fürsten, Graden mitsampt der Ritterschaft und weltlicher Oberhand?

CHORHERR. Nein, der Bapst ist ein Vicarius Christi, darnach die Cardinäl, Bischove mitsampt dem ganzen geistlichen Stand, von den stet in geistlichen Rechten C. solite de majoritate et obedientia: Sie bedeuten die Sonn und der weltlich Gewalt bedeut den Mon, deshalb ist der Bapst vil mechtiger dann der Keiser, welcher im sein Füß küssen muß.

SCHUSTER. Ist der Bapst ein solcher gewaltiger Herr, so ist er gewislich kein Stathalter Christi, wann Christus spricht Joan. am xviij »mein Reich ist nit von diser Welt,« und Joan. vj floch Christus, da man ihn zum Künig machen wolt. Auch sprach Christus zu seinen Jungern, Luce xxij »die weltlichen Künig herschen und die Gewaltigen heißt man gnedige Herrn, ir aber nit also. Der Gröst under euch sol sein wie der Jungst und der Fürnemst wie der Diener.« Deshalb der

Bapst und ir Geistlichen seit nur Diener der christlichen Gemein, wo ir anders auß Got seit, derhalb mag man euch wol strafen.

CHORHERR. Ei, der Bapst und die Seinen sein nit schuldig Gottes Geboten gehorsam zu sein, wie in geistlichen Rechten stet, C. solite de majoritate et obedientia. Auß dem schleußt sich, daß der Bapst kein Sünder ist, sondern der Allerheiligist, derhalb ist er unstrafpar.

SCHUSTER. Es spricht Johann, j. canonica j »wer sagt er sei on Sünd, der ist ein Lugner.« Deshalb ist der Bapst ein Sünder oder Lugner, und nicht der Allerheiligest, sonder zu strafen.

CHORHERR. Ei Lieber, und wenn der Bapst so bös wer, daß er unzelich Menschen mit großem Haufen zum Teufel füret, dörft in doch niemans strafen. Das stet geschriben in unserem Rechten, dis. xl. si papa. Wie gefelt euch das?

SCHUSTER. Ei so stet im Evangelio Matthei xviij »so dein Bruder sündiget wider dich, so ge hin und straf in zwischen dir und im; hört er dich, so hastu sein Sel gewunnen.« Eußert[45] sich der Bapst dann solchs heilsamen Werks?

CHORHERR. Ist dann solches brüderlich gestraft also am Tag außzuschreien?

SCHUSTER. Ei es volgt weiter im Text »wo dich dein Bruder nit hört, so nim noch ein oder zwen zu dir, hört er dich noch nit, so sags der Gemein, hört er die Gemein auch nit, so laßt in gen wie ein Heiden.« Wie da Herr domine?

CHORHERR. Ei Lieber, was ists dann nutz, wenn ir uns gleich lang außschreit, wie die Holhipper? Wir kern uns doch nichts daran, wir halten uns des decretals.

SCHUSTER. Es spricht Christus Matthei x »wo man euch nit höret, so schüttelt den Staub von euern Füßen zu einem Zeugnus, daß in das Reich Gottes nahent ist gewesen. Den von Sodoma und Gomorra wirt es träglicher sein am jüngsten Gericht dann solchem Volk.« Wie wirt es euch dann gen, so ir kein Straf wolt annemen?

CHORHERR. Nun ich gib das nach, wo es gelert verstendige Leut täten, aber den Leien zimpt es nicht.

SCHUSTER. Strafet doch ein Esel den Propheten Balaam, Numeri xxij,

---

45   sich äußern (eußern), sich enthalten

warumb solt dann nicht einem Leien zimen ein Geistlichen zu strafen?

CHORHERR. Einem Schuster zimpt mit Leder und Schwerz umbzugen und nicht mit der heiligen Schrift.

SCHUSTER. Mit welcher heiliger Geschrift wolt irs beibringen einem getauften Christen nit in der Schrift zu forschen, lesen, schreiben? Dann Christus sagt Johannis v »durchsucht die Gschrift, die gibt Zeugnus von mir.« So spricht der Psalmist j »selig ist der Man der sich Tag und Nacht übet im Gesetz des Herren.« So schreibt Petrus in der ersten Epistel am iij »seint alle Zeit urbitig[46] zu Verantwortung iederman, der Grund fodert der Hofnung, die in euch ist.« So leret Paulus die Ephesier am vj fechten wider den Anlauf des Teufels mit dem Wort Gottis, welches er ein Schwert nent. Herr, wie wurd wir bestan, so wir nichts in der Geschrift westen?

CHORHERR. Wie die Gens am Wetter.

SCHUSTER. Ir spot wol. Die Juden wißen ir Gesetz und Propheten frei außwendig, sollen dann wir Christen nit auch wißen das Evangelium Jesu Christi, weliches ist die Kraft Gottes allen die selig sollen werden, wie Paulus j. Corinth. j.

CHORHERR. Ja ir solts wißen, wie aber? Wie euch Christus heißt Matth, xxiij »auf Moses Stul hant sich gesetzt die Schriftgelerten und Phariseier, alles nun, was sie euch sagen, das tut.« Das bedeut die täglichen Predig, hant ir Leien nit genug daran?

SCHUSTER. Ei es stet am selben Ort Matthei am xxiij »sie binden schwere untrügliche Purden und legens dem Menschen auf den Hals.« Solche Purden bedeuten on Zweifel und gewis eure Menschen Gebot, damit ir uns Leien dringt und zwingt und macht uns bös Gewißen. Warumb solt wir euch dann volgen?

CHORHERR. Wie wolt ir das mit Schrift beweisen?

SCHUSTER. Christus spricht im gemelten Capitel »we euch Gleisner und Heuchler, die ir das Himelreich zuschließt vor den Menschen, ir get nit hinein, und die hinein gen wellen laßt ir nit hinein.«

CHORHERR. Ei solches hat Christus zu den Priestern der Juden gesagt, umb uns Priester ist es vil ein ander Ding.

---

46 urbitig, ehrerbietig

SCHUSTER. Ei Herr, ir hant euch erst der Phariseier angenomen, die auf dem Stul Mosi sitzen etc., sam⁴⁷ sei es von euch Priestern und Münch geredt, wie dann war ist. Also auch ist das von euch geredt, wann eure Werk geben Zeugnus, dann ir freßt der Witwen Heuser, wie der Text weiter sagt. Herr, ir habt euch verstigen.

CHORHERR. Pi pu pa, wie seint ir Lutherischen so nasweis, ir hört das Gras wachsen. Wenn euer einer ein Spruch oder zwen weißt auß dem Evangelio, so vexiert ir iederman mit.

SCHUSTER. Ei Herr, zürnet nit, ich meins gut.

CHORHERR. Ich zürn nit, aber ich muß euchs ie sagen, es gehört den Leien nit zu mit der Schrift umbzugan.

SCHUSTER. Spricht doch Christus Matth. am vij »hüt euch vor den falschen Propheten«, und Paulus zun Philippern am iij »secht auf die Hund.« So uns dann die Schrift nit zimpt zu wißen, wie sollen wir solche erkennen?

CHORHERR. Solchs gehört den Bischoffen zu, wie Paulus zu Tito j »er sol scharpf strafen die Verfürer.«

SCHUSTER. Ja sie tuns aber nit, sonder das Widerspil, wie am Tage ist.

CHORHERR. Da laß man sie umb sorgen.

SCHUSTER. Nein, uns nit also. Wellen sie nit, so gepürt uns selbs darnach zu schauen, wann keiner wirt des andern Purde tragen.

CHORHERR. Ei Lieber, sagt was ir wolt, es gehört den Leien nit zu mit Schrift umbzugan, wie Paulus sagt j. Corinth. vij »ein ietlicher wie in der Herr berufen hat, so wandel er.« Hört irs nun? Ir hant vor Schrift begert.

SCHUSTER. Ja, Paulus redt vom eußerlichen Stand und Handlung, von Knechten und Freien, wie am selben Ort und Capitel klar stet, aber hie ist das Wort Gottes noch iederman unverboten zu handeln.

CHORHERR. Ei hört ir nit? Ir müßt vor durch die heilig Weich beruft sein und darnach von der Obrigkeit erwelt werden darzu, sonst zimbt es euch nicht mit der heiligen Schrift umbzugan.

SCHUSTER. Christus spricht Luce an dem x »die Ernt ist groß, aber der Arbeiter ist wenig, bit den Herrn der Ernt, daß er Arbeiter schick in sein Ernt.« Derhalb muß der Beruf nit eußerlich, sonder innerlich

---

47 sam, gleich als (aus gleichsam als)

von Got sein. Eußerlich aber sint alle Prediger berufen, die falschen gleich so wol als die gerechten.

CHORHERR. Ach, es ist Narrenwerk mit eurem Sagen.

SCHUSTER. Euch ist wie den Jungern, Luce an dem ix, die verdroß daß ein ander auch Teufel außtrib in dem Namen Christi, Christus aber sprach »weret in nicht, denn wer nit wider euch ist, der ist mit euch.« Derhalb wo ir recht Christen weret, solt ir euch von Herzen freuen, daß man auch Leien fünd, so die Feindschaft diser Welt auf sich laden umb des Wort Gottes willen.

CHORHERR. Was get euch aber nöt an?

SCHUSTER. Da han wir in der Tauf dem Teufel und seinem Reich widersagt, derhalb sein wir pflichtig wider in und sein Reich zu fechten mit dem Wort Gottes und auch also darob zu wagen unsern Leib, Er und Gut.

CHORHERR. Schauet ir Leien darfür wie ir Weib und Kind neret.

SCHUSTER. Christus verbeuts Matth, am vj, sprechend »sorgt nicht was ir eßen und trinken noch antun wöllet, umb soliche Ding sorgen die Heiden, sucht von erst das Reich Gottes und sein Gerechtigkeit, dise Ding werden euch alles zufallen.« Und Petrus j. cano. iiij: »werft alle eure Sorg auf den Herren, dann er sorgt für euch.« Auch Christus Matth, iiij »der Mensch lebt nicht allein vom Brot, sonder von einem iezlichen Wort, das durch den Mund Gottes get.«

CHORHERR. Laßt euch daran begnügen und bacht[48] nit.

SCHUSTER. Arbeiten sol wir, wie Adam geboten ist, Genesis iij und Job am v »der Mensch ist geborn zu arbeiten, wie der Vogel zum Flug.« Wir aber sollen nit sorgen, sonder Got vertrauen, derhalb müg wir wol dem Wort Gottes anhangen, welches ist der peste Teil, Luce x.

CHORHERR. Wo wolts ir Leien gelernt haben? Kan euer mancher kein Buchstaben.

SCHUSTER. Christus spricht Joannis am vj: »sie werden all von Got gelert.«

CHORHERR. Es muß Kunst auch da sein, wofür wern die hohen Schul?

SCHUSTER. Uf welcher hohen Schul ist Joan. gestanden, der so hoch

---

48 bacht, murrt (eigentl. backen)

geschriben hat? (Im Anfang was das Wort und das Wort was bei Got etc., Joan. j). War doch nur ein Fischer, wie Marci j stet.

CHORHERR. Lieber, diser het den heiligen Geist, wie Actuum am ij.

SCHUSTER. Stet doch Johelis ij »und es sol geschehen in den letzten Tagen, spricht Got, ich wil außgießen von meinem Geist auf alles Fleisch etc.« Wie, wenn es von uns gesagt wer?

CHORHERR. Nein, es ist von den Aposteln gesagt, wie Petrus anzeucht, Actuum ij. Darumb packt euch mit dem Geist.

SCHUSTER. Christus spricht Joannis vij »wer an mich glaubt (wie die Geschrift sagt), von des Leib werden fließen Flüß des lebendigen Waßers.« Das aber (spricht der Evangelist) redt er von dem heiligen Geist, welchen entpfahen solten die an in glauben.

CHORHERR. Wie, ich mein, ir stinkt nach Mantuano, dem Ketzer mit dem heiligen Geist.

SCHUSTER. Spricht doch Paulus j. Corinth. iij »wißet ir nicht, daß ir der Tempel Gottes seit, und der Geist Gottes in euch wohnet?« Und Galat. iiij »weil ir dann Kinder seint, hat Got gesant den Geist in eure Herzen, der schreiet Abba, lieber Vater.« Und Tito iij »nach seiner Barmherzigkeit macht er uns selig durch das Bad der Widergeburt und Verneurung des heiligen Geists, welchen er außgoßen hat reichlich in uns.« Und zun Römern viij »so nun der Geist des, der Jesum von Toten auferweckt hat, in euch wonet.«

CHORHERR. Ich empfind keinen heiligen Geist in mir, ich und ir sein nit darzu geadelt.

SCHUSTER. Warumb heißt ir dann die Geistlichen, so ir den Geist Gottes nit hant? Ir solt heißen die Geistlosen.

CHORHERR. Es sint ander Leut, weder ich und ir, die den Geist Gottes haben.

SCHUSTER. Ir dürft nit umbsehen nach Inseln oder nach roten Piretten[49], Got ist kein Anseher der Person, Actuum x. Es stet Esaie lxvj »der Geist Gottes wirt ruen auf eim zerknischten Herzen.«

CHORHERR. Zeigt mir ein.

SCHUSTER. Es spricht mit runden Worten Paulus zun Römern viij »wer Christus Geist nit hat, der ist nit sein.«

---

49 Pirret, Barett

CHORHERR. O des armen Geists, den ir Lutherischen hant, ich glaub er sei kolschwarz. Lieber, was tut doch euer heiliger Geist bei euch? Ich glaub er schlaf Tag und Nacht, man spürt in ie nindert[50].

SCHUSTER. Christus spricht Matthei vij »ir solt euer Heiltumb nit den Hunden geben, noch die Perlein für die Schwein werfen, auf daß sie dieselbigen nit mit Füßen zutreten.«

CHORHERR. Lieber, schempt ir euch nit solche grobe Wort vor mir außzuziehen?

SCHUSTER. Ei lieber Herr, zörnt nit, es ist die heilig Schrift.

CHORHERR. Ja, ja, ja, ir Lutherischen sagt vil vom Wort Gottes und wert doch nur ie lenger ie erger, ich spür an keinem kein Beßerung.

SCHUSTER. Christus spricht Luce xvij »das Reich Gottes kumt nit eußerlich oder mit Aufmerken, daß man möcht sprechen: sich hie oder da, sonder es ist inwendig in euch«, das ist so vil: es stet nit in eußerlichen Werken.

CHORHERR. Das spürt man an dem Gotsdienst wol, ir betet nicht und sucht weder die Kirchen noch Tagzeit oder gar nichts mer. Ist dann ein solches Reich Gottes in euch Lutherischen? Ich glaub es sei des Teufels Reich.

SCHUSTER. Ei Christus sagt Joannis iiij »es kumpt die Zeit und ist schon iezunt, daß man weder auf disem Berg noch zu Hierusalem den Vater Wirt anbeten, sonder die warhaftigen Anbeter werden den Vater anbeten im Geist und in der Warheit, dann der Vater wil auch haben die in also anbeten, wann Got ist ein Geist, und die in anbeten die mußen in im Geist und in der Warheit anbeten.« Hiemit ligt darnider alles Kirchengen und euer Tagzeit und auch alles Gebet nach der Zal, welches on allen Geist und Warheit, sonder vil mer nach Stat und Zal eußerlich verdroßen und schlefferig gemürmelt wird, davon Christus klagt sprechend, Matth, xv »diß Volk eret mich mit den Lepsen[51], und ir Herz ist weit von mir.«

CHORHERR. Spricht doch Christus Luce xviij »ir solt on Underlaß beten.«

SCHUSTER. Ja das Beten im Geist mag on Underlaß geschehen, aber

---

50 nindert, nirgend
51 Lepsen, Lippen (eigentl. Lefzen)

euer vil Beten verwürft Christus, Matth. vj, spricht »ir solt nit vil plappern.«

CHORHERR. Lieber, was ist das für ein Gebet oder Gotsdienst im Geist und in der Warheit? Leret michs, so darf ich nimmer gen metten oder mein Horas nimmer beten.

SCHUSTER. Lest das Büchlein Martini Luthers von der christlichen Freiheit, welches er dem Bapst Leo x zugeschickt hat, da fint irs kurz beschriben.

CHORHERR. Ich wolt daß der Luther mit sampt sein Büchern verprent wurd, ich hab ir nie keins gelesen, und wil ir noch keins lesen.

SCHUSTER. Ei was urteilt ir dann?

CHORHERR. Wie, daß ir den lieben Heiligen auch nimmer dienet?

SCHUSTER. Christus spricht Matth, iiij »du solt Got deinen Herrn anbeten und dem allein dienen.«

CHORHERR. Ja, wir mußen aber Fürsprechen haben bei Got.

SCHUSTER. Es spricht Joannes j. canoni j »und ob iemant sündiget, so haben wir einen Fürsprechen bei Got, Jesum Christum, der gerecht ist, und derselb ist die Versünung für euer Sünd.«

CHORHERR. Ja Lieber ja, Not bricht Eisen. So euch ein Hand entzwei wer, ir würdt pald Sant Wolfgang anrufen.

SCHUSTER. Nein, Christus spricht Matth. xj »kumpt her zu mir alle, die ir müselig und beladen seit, ich wil euch erquicken.« Wo wolt wir dann beßer Hülf suchen? Ir hant Abgötter aus den Heiligen gemacht und uns dardurch von Christo abgefürt.

CHORHERR. Ja, ir habts wol verglost[52]. Wie, daß ir Lutherischen nimmer fast, lert euchs der lutherische Geist?

SCHUSTER. Fasten ist uns von Got nit geboten, sonder frei gelaßen. Christus spricht Matth. vj »wenn ir fasten welt, so lat eurem Haupt der Salben nit gebrechen«, spricht nit »ir solt oder mußt fasten«, wie unsere Stiefväter zu Rom tun.

CHORHERR. Ja ir fastet aber gar nimmer.

SCHUSTER. Ich glaub rechtes Fastens fasten die Handwerksleut mer, ob sie gleich im Tag viermal eßen, dann alle Münch, Nunnen und

---

52 verglost, ausgelegt (glossa)

Pfaffen die in dem ganzen teutschen Land sein. Es ist am Tag, ich mag nichts mer davon sagen.

CHORHERR. So schweiget, ich wil aber reden. Es leg am Fasten das wenigst, ir Lutherischen freßt aber Fleisch darzu am Freitag, daß euchs der Teufel gesegne!

SCHUSTER. Fleisch eßen ist von Got auch nit verboten, derhalb ist es nit Sünd, dann so weit man die unwißenden Schwachen mit ergert. Christus spricht Matth. xv »was zum Mund einget verunreint den Menschen nit, sonder was zum Mund ausget verunreint den Menschen, als arg Gedenk, Mort, Ebruch, Hurerei, Diebstal, falsch Zeugnus, Lesterung.« Und Paulus j. Corinth. x »alles was auf dem Fleischmark feil ist, das eßet.«

CHORHERR. Ir sagt was ir welt, habt aber nit was ir welt. Gut alte Gewonheit sol man nit verachten, die etwo drei oder vier hundert Jar haben gewert.

SCHUSTER. Christus spricht Joannis am vierzehenden »ich bin der Weg, die Warheit und das Leben.« Er spricht aber nit »ich bin die Gewonheit.« Derhalb muß wir der Warheit anhangen, welche das Wort Gottes und Got selb ist, das bleibt ewig, Matth, xxiiij, aber Gewonheit kumpt von Menschen her, welch all Leugner[53] sein, Psalm cxv, darumb ist Gewonheit vergenklich.

CHORHERR. Lieber, sagt mir doch noch eins. Wie, daß ir Lutherischen nimmer beicht? Das ist noch vil ketzerischer.

SCHUSTER. Da ist es von Got auch nit geboten, auch nit gemelt weder im alten noch neuen Testament.

CHORHERR. Sprach doch Christus, Luce xvij »get hin und zeigt euch den Priestern etc.«

SCHUSTER. Heißt dann erzeigen Beicht, das ist mir seltzam Teutsch, ir mußt mirs höcher mit Geschrift beweisen. Solt so ein groß nötig und heilsam Ding umb die Ornbeicht sein, wie ir davon sagt, so must es von Not wegen klärer in der Schrift verfaßt sein.

CHORHERR. Ei, wolt ir dann gar nichts tun dann was von Got geboten und in der Schrift verfaßt ist? Das ist ein elende Sach.

---

53 Leugner, Lügner

SCHUSTER. Ich kann dasselbig nit erfüllen, wie Actuum xv. Was fol ich dann erst mer auf mich laden?

CHORHERR. Ei es haben aber solche Ding die heiligen Väter in den Conciliis geordent und bestetigt.

SCHUSTER. Von wem hant sie den Gewalt?

CHORHERR. Christus spricht Joannis xvj »ich hab euch noch vil zu sagen, aber ir künts iezt nit tragen, wann aber jener, der Geist der Warheit, kommen wirt, der wirt euch in alle Warheit leiten.« Hört, hie sint die Concilia von Christo eingesetzt.

SCHUSTER. Ei Christus spricht darvor Joannis xv »der Tröster, der heilig Geist, welchen mein Vater senden wirt in meinem Namen, derselb wirt euch alles leren und euch erindern alles des das ich euch gesagt hab.« Hört Herr, er spricht nit, er werd euch neu Ding lern, welches ich euch nit gesagt hab, sondern des, das ich euch gesagt hab, wirt er euch erindern, erklären, auf daß irs recht verstet, wie ichs gemeint hab. Also meint ers auch hernach, da er spricht »er wirt euch in alle Warheit leiten.«

CHORHERR. So halt ir von keinem Concilio?

SCHUSTER. Ja, von dem das die Apostel zu Hierusalem hielten.

CHORHERR. Haben dann die Apostel auch ein Concilium gehalten?

SCHUSTER. Ja, hant ir ein Bibel?

CHORHERR. Ja, Köchin bring das groß alt Buch herauß!

KÖCHIN. Herr, ist das?

CHORHERR. Ei nein, das ist das decretal, maculier mirs nit!

KÖCHIN. Herr, ist das?

CHORHERR. Ja, ker den Staub herab, daß dich der Rit[54] wasch! Wolan Meister Hans, wo stets?

SCHUSTER. Sucht Actuum apostolorum xv.

CHORHERR. Sucht selb, ich bin nit vil darin umbgangen, ich weiß wol nützers zu lesen.

SCHUSTER. Secht da, Herr!

CHORHERR. Köchin, merk Actuum am xv. Ich wil darnach von Wunders wegen lesen was die alten Gesellen guts gemacht haben.

---

54 Rit, Ritt oder Fieber (Verwünschungsformel)

SCHUSTER. Ja, lest! Ir werdt finden daß man die Purd des alten Gesetz den Christen nit aufladen sol, ich geschweig daß man iezunt vil neuer Gebot und Sünd erdenkt und die Christen mit beschwert, darumb sein wir euch nit schuldig zu hören.

CHORHERR. Spricht doch Christus Luce x »wer euch hört der hört mich, wer euch veracht der veracht mich.« Ist das nit klar genug?

SCHUSTER. Ja, wann ir das Evangelium und das Wort Gottes lauter saget, so sol wir euch hören wie Christum selbs, wo ir aber euer eigen Fünd und Gutgedunken sagt, sol man euch gar nicht hören, wann Christus sagt Matth. xv »vergeblich dienen sie mir, dieweil sie lern solche Ler, die Menschengebot sint«, und weiter »ein iede Pflanz, die Got mein himlischer Vater nit pflanzet hat, wird außgereut.«

CHORHERR. Seint dann die Concilia auch Menschen Ler?

SCHUSTER. Wann man im Grund davon reden wil, so haben die Concilia merklicher Schaden zwen in der Christenheit ton.

CHORHERR. Welche? Zeigt an.

SCHUSTER. Zum ersten die Gebot, der on Zal und Maß ist, wie ir wißt, und das noch böser ist schier all mit dem Ban bestet[55] und doch der meist Teil in der Schrift nit gegründ. Solche eure Gebot hat man dann hoch aufgeblosen und der Menschen Gewißen darmit verstrickt und verwickelt, daß sie den waren Gottes Geboten gleich geacht sint gewest und in fürgezogen, dardurch die Gebot Gottes verechtlich bei den Menschen gemacht. Solche Leut hat Paulus verkündiget mit iren Geboten j. Timoth. iiij »daß in den letzten Zeiten werden etlich vom Glauben abtreten und anhangen den irrigen Geistern und lern der Teufel durch die, so in Gleisnerei Lugenreder seint, und Brantmal in irem Gewißen haben, und verbieten elich zu werden und zu meiden die Speis, die Got geschaffen hat zu nemen mit Danksagung den Glaubigen und denen die die Warheit erkant haben.«

CHORHERR. Wo ist das geschehen, mit welchem Gebot?

SCHUSTER. Fleisch eßen am Freitag hat man für größer Sünd geacht dann ebrechen, und so ein Pfaff ein recht Eweib het gehabt, hat man größer Sünd gehalten dann so er ein Huren oder zwo het.

---

55   Ban bestet, mit Bannandrohung bekräftigt

CHORHERR. Wol verstan, spricht der Walch[56]. Was ist dann der ander Schad?

SCHUSTER. Zum andern hat man vil neuer Gotsdienst angericht und gute Werk genent, damit dann am allermeisten Münch, Nunnen und Pfaffen umbgant, und ist doch (wenn man aufs höchst darvon wil reden) eitel eußerlich Larvenwerk, darvon Got nichts geheißen hat, und haben dardurch (und wir sampt ine) die recht christlichen guten Werk verlaßen, die uns Got bevolhen hat.

CHORHERR. Was sint dann recht christliche gute Werk?

SCHUSTER. Christus leret uns Matth. vij »alles das ir welt, daß euch die Menschen tun, das tut auch in. Das ist das ganz Gesetz und Propheten.« Und Matth. xxv leret er uns den Hungrigen speisen, den Durstigen drenken, den Armen herbergen, den Nackenden kleiden, den Kranken heimsuchen, den Gefangen trösten.

CHORHERR. Sint das allein christliche gute Werk eines ganz christlichen Lebens?

SCHUSTER. Ja, ein recht Christglaubiger, welcher widerumb geboren ist auß dem Waßer und Geist, wie Joan. iij, dienet Got allein im Geist und in der Warheit, und seinem Nägsten mit den Werken der Lieb. Das ist die Summa eines christlichen Wesen. Aber dise Werk gen gar in der Still zu, da hecht[57] man weder Schild, Helmen noch Wappen an, so meinen dann die Werkheiligen, solche Christen tun gar nichts mer, so sie mit irem Larfenwerk nimmer umbgent.

CHORHERR. Meint ir dann, unser Singen und Lesen gelt nichts?

SCHUSTER. Christus wirt ie sonst nichts fodern von uns, dann die Werk der Barmherzigkeit im letzten Urteil, Matth. xxv. Da werdt ir Münch und Pfaffen besten, wie die Rinklerin, die ließ die Oren am Pranger.

CHORHERR. Ir habts wol droffen, get zum Ofen und wermbt euch! Leret euch Luther solch Danttäding[58]?

SCHUSTER. Nein.

CHORHERR. Lieber, was halt ir vom Luther?

---

56 Walch, Welsche (sprichwörtl. Redensart)
57 hecht, hängt
58 danttäding, albern (von Tand).

SCHUSTER. Ich halt in für ein christlichen Lerer, welcher (ich acht) seint der Apostel Zeit nie gewest ist.

CHORHERR. Lieber, was Nutz hat er doch geschaft in der Christenheit?

SCHUSTER. Da hat er euer Menschengebot, Ler, Fünd und Aufsatzung an Tag gebracht, und uns davor gewarnet. Zum andren hat er uns in die heiligen Schrift geweiset, darin wir erkennen, daß wir alle under der Sünd beschloßen und Sünder seint, Römern v; zum andern, daß Christus unser einige Erlösung ist, wie zun Corinthern j. Corin. j. und dise zwei Stuck treibt die Schrift schier durch und durch. Darin erlernen wir unser einige Hofnung, Glauben und Vertrauen in Christo zu setzen, welches dann ist das recht gütlich Werk zu der Seligkeit, wie Christus spricht Johannis am sechsten.

CHORHERR. Darf man keins Werks darzu? Spricht doch Christus Matth. v »laßt euer Liecht leuchten vor den Menschen, daß sie euer gute Werk sehen und euern Vater im Himmel preisen.«

SCHUSTER. Paulus spricht Roma. v »wir haltens, daß der Mensch gerechtfertigt werd allein durch den Glauben on Zutuung der Werk des Gesetz«, und zun Römern am ersten »der Gerecht wird seines Glaubens leben.«

CHORHERR. Spricht doch Jacobus ij »der Glaub on die Werk ist tot.«

SCHUSTER. Ein rechter götlicher Glaub der feiert nit, sonder bringt stets gute Frücht, dann Christus spricht Matthei am vij »ein guter Baum kan kein bös Frucht bringen.« Aber solche gute Werk geschehen nicht den Himel zu verdienen, welchen uns Christus verdient hat, auch nit auß Forcht der Helle zu entpfliehen, von der uns Christus erlöst hat, auch nit umb Er, wann alle Er sol man Got geben, Matth. an dem vierten, sonder auß götlicher Lieb Got zu einer Danksagung und dem Nägsten zu Nutz. Wolan Herr, wie gefelt euch nun des Luthers Frucht?

CHORHERR. Ist er dann so gerecht, wie, daß im dann so wenig gelerter und mechtiger Herrn anhangen, allein der grob, unverstendig Hauf?

SCHUSTER. Christo hieng weder Pilatus, Herodes, Caiphas, noch Annas an, auch nit die Phariseier, sonder widerstunden im, allein das gemein Volk hieng im an. Darumb erfreuet sich Jesus im Geist, Luce am x, und sprach »Vater, ich sag dir Dank, daß du dise Ding hast verborgen vor den Weisen diser Welt und hast sie geoffenbaret den Kleinen.«

CHORHERR. Ei Lieber, der gemein Hauf gibt auch des weniger Teil dem Luther recht.

SCHUSTER. Das machen euer Lumpenprediger, die schreien es sei Ketzerei, und das on alle Gesschrift. Christus hat aber den kleinen Haufen verkünt Matth. v »get ein durch die eng Pfort, wann die Pfort ist weit und der Weg breit der zu der Vordamnus füret, und ir sint vil die darauf wandeln.« Und Matth. xxij »vil sint beruft, aber wenig sint außerwelt.«

CHORHERR. Solch Wort treiben ir im Wirtshaus, am Markt und überal, wie die Narren, und gehört nit an solch Ort.

SCHUSTER. Christus sprach Matth. x »was ich euch ins Or sag, das predigt auf den Dechern.«

CHORHERR. Wann ich die Warheit sol sagen, so halt ich den Luther für den grösten Ketzer, der sider[59] Arrius Zeiten ist gewest, und ir seit sein Nachvolger, an Haut und Hor[60] entwicht, als vil euer ist, und nichts guts ist in euch, nichts guts kumpt von euch. Wißt irs nun? Den Titel gib ich dem Luther und euch zusam.

SCHUSTER. Da hat ir einmal eins erraten, wann niemant ist gut dann Got, Matth. xix, wann unser Natur ist gar in uns verbost, wie Gen. viij »des Menschen Herz ist zu Bosheit geneigt von Jugent auf«; welche man muß teglich mit dem Kreuz dempfen, daß sie den Geist nit fell, wann sie let ir Dück nit, obschon der Geist durch den Glauben gerechtfertigt ist, wann es stet Proverbiorum xxiiij »der Gerecht felt im Tag siben mal.« Deshalb bit wir all Tag »vergib uns unser Schuld«, Matth. vj. Und Paulus zun Römern vij »das Gut, das ich wil, tu ich nicht, sonder das Bös, das ich nit wil, das tu ich«, und schreit darnach »o ich elender Mensch, wer wirt mich erlösen von dem Leib des Tods?« Zeigt damit an, daß wir Sünder sein biß in Tod. Seit ir aber on Sünd, so werft den ersten Stein auf uns, Johan. viij.

---

59 sider, seit

60 an Haut und Hor, ohne Haut und Haar entweicht (nichts wert)

CHORHERR. Ir seit halt unnütz Leut, künt vil Gespei[61], ich hoff aber man sol euch pald den Leimen klopfen, es hilft doch sonst nichts.

SCHUSTER. Wie, wolt ir mit dem Schwert daran? Es stet euch Geistlichen nit zu.

CHORHERR. Warumb nit? Hat doch Christus, Lu. xxij, zwei Schwert eingesetzt, das geistlich und das weltlich.

SCHUSTER. Verbot doch Christus Petro, Matth. xxvj, und sprach »wer mit dem Schwert ficht, wirt am Schwert verderben.«

CHORHERR. Hilft süß nit, so muß aber sauer helfen, wann die Ketzerei hat groß über Hand genommen, und ist hoche Zeit darein zu schlagen.

SCHUSTER. O nein, sonder volgt dem Rat Gamalielis, Actuum v »ist die Ler auß den Menschen, wirt sie on alle Schwertschleg fallen, ist sie aber von Got, so künt irs nit dempfen, auf daß ir nit gesehen werdt als die wider Got streiten wellen.«

CHORHERR. Es wirt nit anders darauß.

SCHUSTER. Wolan Herr, dein Will geschech, Matth. an dem vj »der Junger ist nit über den Meister.« Joan. xv »haben sie mich vervolgt, sie werden euch auch vervolgen«, und Luce vj »selig seit ir, wann euch die Menschen haßen, verwerfen und schelten von meines Namen wegen.«

CHORHERR. Es wirt maniger schweigen der iezunt schreit.

SCHUSTER. Christus, Matth. x »wer mich bekennet vor den Menschen, den wil ich bekennen vor meinem himelischen Vater.«

CHORHERR. Es wirt Schweigens gelten oder hinder dem Kopf hin gen[62].

SCHUSTER. Christus Matth. x »fürcht die nicht, die euch den Leib töten, der Sele künnen sie nicht tun.« O Herr Got, hie wer gut sterben von deines Namens wegen.

CHORHERR. Es wär verdienter Lon. Einen Ketzer mag man nach dreien Warnungen hinrichten.

SCHUSTER. Ir müßt uns vor zu Ketzern machen und beweisen auß der heiligen Schrift.

---

61 Gespei, Spitzfindigkeiten

62 hinder dem Kopf hin gen, den Kopf verlieren

CHORHERR. Das mügen wir leichtiglich tun.
SCHUSTER. Ei so wirt Got unser Blut von euren Henden erfordern, daß ir uns (die armen Scheflein Christi) so lang hant verfüren laßen, und habt sovil Prediger diser Ler also lang mit Disputieren unangefochten gelaßen.
CHORHERR. Es wirt bald, wir haben unser Spech[63] (alle Predig) gut auf sie.
SCHUSTER. Ja ist das war, ir erfült den Spruch Matthei xxij »und die Phariseier giengen hin und hielten Rat, wie sie in verstrickten in seinen Worten, und sanden zu im ir Diener mit sampt des Herodes Diener.«
CHORHERR. Warumb nit? Man muß die Ketzer also erschleichen, wann sie seint listig, daß man sie darnach kolb[64]
SCHUSTER. O Got, dise Prediger wollen uns all gern zu Christo füren, niemant außgenommen. So wolt ir sie mit sampt uns gern zum Henker füren. Ir wolt geren das Feur von Himel auf uns fellen, Luce ix. Hört Christum, der spricht »wißt ir nit welches Geistes Kinder ir seint? Des Menschen Son ist nicht kommen der Menschen Selen zu verderben, sonder zu erhalten.« ij. Corin. xiij »mir hat der Herr Gewalt geben nit zu verderben, sonder zu Beßerung.«
CHORHERR. Ei wir wöllen auch also.
SCHUSTER. Ei, Feuer und Schwert reimbt sich aber nit darzu, sonder das Wort Gottes zun Hebreern iiij »welches durchdringender ist dann ein zwischneidend Schwert.« Derhalb seit ir auß Got, so verfechten eure Ler und Wesen mit dem Wort Gottes, welchs ist die Kraft Gottes, j. Corint. j.
CHORHERR. Ja es hilft aber nichts.
SCHUSTER. Ja ir braucht sein nit, wann Gottes Ere sucht ir nit zu schützen, sonder euren Gewalt, Ere und Reichtumb. Darwider ist das Wort Gottes, darumb vervolgt irs, da leits als mit einander.
CHORHERR. Ja, ir künt nichts dann die Leut außrichten[65]. Wens Herz vol ist, so get der Mund über, Luce vj.

---

63 spech, spähen, achtgeben
64 kolb, scheren (von kalw, kahl)
65 außrichten, durchhecheln

SCHUSTER. Euch ist, wie Christus sagt, Luc. vij, vergleicht den Kindern, die am Markt sitzen, rufen, »wir hant euch pfiffen und ir hant nit tanzt, wir hant euch klagt und ir hant nit geweint.« Also auch ir; sagt man euch das Wort Gottes tröstlich, so verspot irs, sagt man euchs ernstlich, so zürnt ir.

CHORHERR. Wenn ir sungt als ein Zeislein, so macht ir mich nit anders.

SCHUSTER. Euer Herz ist verhert wie dem Künig Pharaoni, Exodi vom vij. biß ins xv. Capitel, der weder Wunder noch Plag annam und meinet ie, die Kinder von Israel solten Ziegel prennen, daß er mit seinem Volk feiern möcht. Also auch ir halt uns, weil ir uns halten mögt.

CHORHERR. Wett Fritz, es ist eins erraten.

SCHUSTER. Ja, es dunkt mich wol, euch sei wie dem falschen Amptman, Luce xvj, sprechend »was sol ich tun, mein Herr nimpt das Ampt von mir, ich mag nit graben und schem mich zu betlen.« Eben das selbig fürcht ir Geistlichen auch, darumb hilft weder Strafen noch Vermanen an euch.

CHORHERR. Ei wißt ir nicht, Christus spricht Johan. vj »niemant kumpt zu mir, der Vater ziech in dann.« Zeit bringt Rosen: Wer weiß, welicher den andern bekert?

SCHUSTER. O Herr, die Wort hör ich gern. Es stet Jo. xv »on mich künt ir nichts tun«, und weiter »ir hant mich nit erwelet, ich han euch erwelet«, darumb ligt an uns nicht, Got muß uns bekern. Das wünsch ich euch allen von Grund meines Herzen.

CHORHERR. Man leutet in Chor, Köchin lang den Chorrock her! Wolan lieber Meister, ziecht hin im Frid! Es wirt leicht noch als gut.

SCHUSTER. Ob Got wil. Wolan ade, der Frid sei mit euch, lieber Herr, hant mir nichts verübel und verzeicht mir!

CHORHERR. Verzeich uns Got unser Sünd!

SCHUSTER. Amen.

CHORHERR. Secht nur an, liebe Köchin, wie reden die Leien so gar freflich gegen uns Geweichten. Ich mein, der Teufel sei in den Schuster vernet[66], er hat mich in Harnasch gejagt, und wer ich nit so wol gelert, er het mich auf den Esel gesetzt. Darumb wil ich im nicht mer zu erbeiten geben, sonder dem Hans Zobel, der ist ein guts einfeltigs

---

66 vernet, aufgebracht (eigentl. vernäht)

Mendlin[67], macht nit vil Wort mit der heiligen Schrift und lutherischen Ketzerei, wie dann den Leien nit zimlich ist, noch gebürt mit iren Selsorgern zu disputirn, wann es sagt Salomon: »welcher ein einseitig Wandel fürt, der wandelt wol.« Ei disen Spruch solt ich dem dollen Schuster fürgeworfen han, so wer er villeicht darob erstumbt.

KÖCHIN. O Herr, ich het immer Sorg, nachdem ir in mit der Schrift nit überwinden kunt, ir wurt in mit den Pantoffel schlahen.

CHORHERR. Ich hab nur von der Gemein ein Aufrur besorgt, sonst wolt ich im die Pantoffel in sein Antlitz geschmeißt haben, im hets Christus oder Paulus in dreien Tagen nit abgewischt, wiewol er al sein Vertrauen auf sie setzt.

KÖCHIN. Mich nimbt groß wunder, wie die Leien so geschickt werden.

CHORHERR. Wilt wißen, was macht? Man gibt umb die Geistlikeit nichts mer. Verzeiten het der heilig Vater der Bapst und die Bischof solchen, als der Luther und ander mer, die auf sein Geigen predigen, das Predigamt aufgehebt nach laut des geistlichen Rechten, und zu widerrufen benötiget, wie mit dem Joannes Huß zu Costenz geschehen ist. Wenn man nur die evangelischen Prediger kunt schweigen machen, so würts alles gut, aber wenn man sie heißt schweigen, so kummen sie und wellen mit dem Bapst und Bischoven disputirn, welchs unerhört ist bei der Welt, daß einer mit dem Allerheiligisten wil disputirn, der nit genugsam und wirdig ist mit seiner Heiligkeit zu reden. Aber es wil beßer werden. Wenn die Prediger nit wellen, so mußen sie schweigen, wiewol sie Sant Paulus Schrift fürziehen, und wens sein Schwert darzu hetten, so musten sie darnieder ligen, wens der heilig Vater Bapst tun wil, dann so musten die Leien auch geschweigen und wir wurden zu unsern Wirden widerumb kommen.

KÖCHIN. Es wär fürwar, Herr, gut, wann jedermann veracht euch, wie dann iezunt auch der Schuster tan hat.

CHORHERR. Vorzeiten het wir ein solchen in Ban verkünt, aber iezunt mußen wir von den Leien hören und lernen, wie die Phariseier von Christo. Lieb Köchin, rüf unserm Calefactor, der list vil in der Bibel und villeicht der Schrift baß bericht ist dann ich. Er muß mir von Wunderswegen etlich Sprüch suchen.

---

67 Mendlin, Männlein

Köchin. Heinrice, Heinrice, ge auf her zum Herrn.
Calefactor. Wirdiger Herr, was wolt ir?
Chorherr. Unser Schuster hat mich lang vexiert, und vil auß der Bibel angezeigt, wie dann der Lutherischen Brauch ist. Du must im etlich Capitel nachsuchen, ob er gleich hab zugesagt[68], auf daß ich in in der Schrift sahen möcht.
Calefactor. Ir solt es pillich selbst wißen, ir hant lang die Geweichten examiniern helfen.
Chorherr. Ja daselbs braucht man nur schulerische Ler, was die Menschen haben geschriben und gemacht, und gar wenig das geistlich Recht, welches die heiligen Väter in den Conciliis beschloßen haben.
Calefactor. Es leg an dem nicht, das die Väter in Conciliis beschloßen und die Menschen, so nach in kommen sein, geschriben und gehalten haben, wo dieselben Gesetz, Ler und Schrift auß dem Wort und Geist Gottes wern, wann die Propheten, Apostel und Evangelisten sint auch Menschen gewest.
Chorherr. Ei so haben sie auch irren mögen, aber die Lutherischen wollen das nit glauben.
Calefactor. Nein, wann Petrus spricht ij. Petri j »es ist noch nie kein Weißagung auß menschlichem Willen herfürbracht, sonder die heiligen Menschen Gottes hant geredt, getriben von dem heiligen Geist.« Und eben darnach verkünt Petrus die falschen Propheten, die vil verderblicher Secten ein werden füren. Bedeut eben euren geistlichen Stand, Orden, Regel und alle Menschen Fünd (außerhalb dem Wort Gottes), darmit ir iez umbget.
Chorherr. Ja es ist aber auf uns nit geredt, sonder uf die Alten, und lengst vergangen.
Calefactor. O ir Toren und trägs Herzens zu glauben alle dem, das die Propheten geredt haben, Luce xxiiij.
Köchin. Herr, heißt euch den Han mer kreigen[69]! Von mir lit[70] irs nit.
Chorherr. O du lausiger Bachant, wiltu mich auch rechtfertigen und

---

68 zugesagt, Bescheid gewußt
69 Han kreigen, Hahn krähen lassen
70 lit, littet

leren, bist auch der lutherischen Böswichter einer? Troll dich nur pald auß dem Haus und komm nit wider, du unverschamptes Tier!

CALEFACTOR. Es tut euch and[71], daß euch der Schuster das rot Piret geschmächt hat. Laßt euchs nicht wundern, wann im alten Gesetz hat Got die Hirten sein Wort laßen verkünden. Also auch iez müßen euch Phariseier die Schuster leren, ja es werden euch noch die Stein in die Oren schreien. Alde, ich scheid mit Wißen[72].

KÖCHIN. Euch geschicht recht. Mich wundert, daß ir mit den groben Filzen reden mügt. Sie schonen weder euer noch der heiligen Weich.

CHORHERR. Ich wil mich nun wol vor in hüten, verbrents Kind fürcht Feur. Wolan, ich wil in Chor, so ge du an Markt, kauf ein Krainwetvogel[73] oder zwelf. Es wirt nach Eßen meines gnedigen Herren Caplan mit etlichen Herren kommen und ein Panget[74] halten. Trag die Bibel auß der Stuben hinaus und sich, ob Stein und Würfel all im Bretspil sein und daß wir ein frische Karten oder zwo haben.

KÖCHIN. Es sol sein. Herr, werdt ir von Stund an nach dem Umbgang heim her gen?

CHORHERR. Ja, schau daß Eßen bereit sei.

MDXXIIII.

Philip. 3.
Ir Bauch ir Got.

---

71 and, weh

72 mit Wißen, ich weiß warum?

73 Krainwetvogel, Krametsvogel

74 Panget, Bankett

Eyn gesprech vo den Scheinzvercke der Gaystlichen/und jren gelübdten/damit sy zùuerlesterung des blùts Christi vermaynen selig zù werden.

Hans Sachs. Schùster.
ij. Thimot. iij. Ir thorhait wirt offenbar werden yederman.

MÜNCH. Der Frid sei mit euch, ir lieben Brüder! Gebt euer heiligs Almusen umb Gottes Willen den armen Brüdern zun Barfußen, die Liecht, darbei wir singen und lesen.

PETER. Ich gib keinem sölchen starken Betler ichts[75], wann das Betteln ist verboten. Deut, xv spricht Got »kein Betler sol under euch sein.« Ich wil mein Liecht wol hausarmen[76] Nachpaurn geben, die arbeiten darbei.

MÜNCH. Ich hör wol, ir seit lutherisch.

PETER. Nein, sonder evangelisch.

MÜNCH. Ei so tut auch, wie das Evangeli lert, nemlich Matth, v »iederman der dich bitt, dem gib«, und Luce vj »seit barmherzig, wie euer himlischer Vater barmherzig ist«, und Lu. xj »gebt Almusen von euer Hab, so ist euch alles rein.«

HANS. Bruder Heinrich hat dich schon überwunden mit Schrift.

PETER. Ich bekens, ich kan nit weiter. Kumpt her, lieber Bruder Heinrich, seht hin[77] ein Pfennig umb Gots Willen und kauft euch selber ein Liecht nach euerm Sin.

MÜNCH. Ei behüt mich Got, ich darf kein Gelt nemen, es helts mein Orden nicht innen.

HANS. Wer hat euern Orden gemacht?

MÜNCH. Unser heiliger Vater Franciscus.

HANS. Ist dann Franciscus euer Vater? Spricht doch Christus Matth. xxiij »niemant sol sich Vater heißen auf Erden, dann einer ist euer Vater, der im Himel ist.«

MÜNCH. Ei das wißen wir wol, er hat uns aber gelert wie ein frummer Vater sein Kint.

HANS. So ist er euer Meister, spricht doch Christus an gemelten Capitel »ir sölt euch nit laßen Meister nennen, dann einer ist euer Meister, Christus.« Auch spricht Christus Joan. xiiij »ich bin der Weg, die Warheit und das Leben«, und Joan. x »ich bin die Tür zu den Schafen; wer anderswo einsteigt, der ist ein Dieb und ein Mörder.«

---

75 ichts, was
76 Hausarme, verschämte, denen man die Gaben ins Haus schickt
77 seht hin, voilà (zu Sachsens Zeit stark im Schwange stehendes Modewort)

MÜNCH. Ei ir verstets nit recht, er hat uns nit auß seinem eigen Kopf gelert, sonder all sein Regel auß dem heiligen Evangelio gezogen.

HANS. Wo stet dann im Evangelio: ir sölt kein Gelt nemen oder anrüren? Ich wil euch wol das Widerspil zeigen.

MÜNCH. Wo?

HANS. Matth. xvij sprach Christus zu Petro »ge hin ans Mer und würf den Angel auß, und der erst Fisch, der aufer fürt, dem wirstu im Maul finden ein güldene Münz, die nim und gibs für dich und mich.«

MÜNCH. Es stet aber Matth. vj »ir sölt euch nit Schetz samlen auf Erden«, und weiter »ir könt nicht Got dienen und dem Mammon«, und Lu. xij »hütet euch vor dem Geiz, wann niemant lebt darvon, daß er vol Genüge han an seinen Gütern«, und Lu. xviij »wie schwärlich werden die Reichen in das Reich Gottes kommen«, und Matth. xix, Marci x, Luc. xviij »wiltu volkommen sein, so ge hin, verkauf was du hast und gib es den Armen, so wirstu ein Schatz im Himel samlen, und kum und volg mir nach.« Da habt ir Grund und Ursach auß dem Evangelio unser willigen Armut.

HANS. Wol geredt, halt ir Barfußer das?

MÜNCH. Ja, wir nemen kein Gelt, so han wir keins, weder wenig noch vil.

HANS. Ja ir habt aber außerhalb dem Closter euer Einnemer und Außgeber, wie die Fürsten, und samlet (under dem Schein der willigen Armut) große Schetz, und kaufet Cardinälhüt umb vil tausent Ducaten, und pauet köstliche Clöster wie die Fürstenheuser, wie am Tag ist. Heißt das nit Schetz samlen, Gelt nemen oder anrüren, so weiß ich nit wie ichs nennen sol.

PETER. Es heißt des Geiz under dem Hütlein gespilt.[78]

MÜNCH. Ei Lieber, es ist nit so heftig. Es ist war, wir haben Schafner, die laßen wir mit umbgen, wir bekümmern uns aber gar nichts mit dem Gelt, und warten unsers Gotsdiensts.

HANS. Spricht doch Christus Matthei vj »wo euer Schatz ist, da ist auch euer Herz«, derhalb ist euer Herz im Closter nit, sonder etwan in eines Bürgers Haus bei euerm Schatz, darumb könt ir Got

---

78 Redensart, die soviel wie Taschenspielerei bedeutet

nit dienen, weil ir dem Mammon dient mit dem Herzen, darauß volgt weiter, daß ir kein Gnügen an euern Gütern habt, wie dann Lu. xij stet, sonder betlet und rasplet stets der Welt Güter zusamen. Wie werdt ir dann in das Reich Gottes gen durch euer Armut, der ir euch rümet.

MÜNCH. Ei, lieber Meister, wir verlaßen das unser williglich, sölten wir darnach nit wider von frummen Leuten das heilig Almusen nemen?

PETER. Ja, euer mancher verleßt kaum eins Gulden Wert und drit in ein Pfründ, wol cc Gulden Wert, ist sein Lebenlang mit aller Notturft versorget und weiß von keiner Armut zu sagen, sonder schneidt den armen Christen das Brot vor dem Mund ab. Petrus hat euch verkünt ij. Petri ij »sie füren ein zertlich Leben von euer Lieb, und zeren wol von dem euern.« Das heißt ie nit das Sein verkaufen und den Armen geben.

MÜNCH. Habt mir nicht in Uebel, ir und euers gleichen gebt uns nit vil, sonder große Herren und reiche Bürger und Kaufleut nören uns von irem Ueberfluß.

PETER. Ist gut. Wo nemen es die selbigen? Allein bei uns: Wir die eilftausent Mertrer müßens zalen, da sie uns betriegen, übernöten, dringen, zwingen, daß oft das Plut hernach möcht gan. Da speisen sie darnach euer heilosen Väter (heilige Väter sol ich sagen) mit, die stark und faul seint, und selber wol arbeiten und andere arme kranke Christen mit inen ernören möchten.

HANS. Ja, wo ein christlich Liebe in in were, wie Paul. schreibet ij. Thessalo. iij »wir haben nicht umbsunst das Brot genommen von iemant, sonder mit Mühe und Arbeit hab wir Tag und Nacht gewürkt, auf daß wir niemant under euch beschwärlich würden.« Und weiter »wer nit arbeit, der sol nit eßen.«

MÜNCH. Stet nit j. Cor. ix »wißen ir nit, die im Tempel schaffen die nören sich des Tempels, und die des Altars pflegen die geleben des Altars.«

HANS. Es stet aber gleich im Text hernach j. Cor. ix »also hat der Herr bevolhen: die das Evangelion verkündigen söllen sich vom Evangelio nören.« Aber wie ir sagt, des Tempels und Altars Diener halben ist im alten Testament im Prauch gewesen, wie Levi. vij, aber nun vergangen, wann im neuen Testament haben wir keinen leiplichen Tempel von Holz und Stein, sonder wir selbs seint der Tempel Gottes, wie j. Cor. iij »wißent ir nicht, daß ir der Tempel Gottes seit und der Geist Gottes in euch wonet?« Derhalb dürfen wir keins Tempelknechts mer. Auch haben wir keinen Altar zum Opfer, derhalb dürfen wir keins Altardieners mer, wann Christus ist allein hoher Priester, wie Hebreo. vij »der sich selb ein mal für uns geopfert hat.« Derhalb dürfen wir im neuen Testament nur Diener zu verkündigen das heilig Evangelion, darzu dann Christus seine Jüngere außschicket. Marci ulti. »get hin in die ganze Welt und predigt das Evangeli allen Creaturen.« Dieselben, meint Paul., söllen darvon enthalten werden, ir aber eßet euer Brot in müßig gen wider den Willen Gottes. Gen. iij »im Schweiß deines Angesichts soltu nießen dein Brot.«

MÜNCH. Ei, verkündigen wir euch doch auch das Evangelion, derhalb, wie Matth. x, ist ein Arbeiter seins Lons wirdig.

HANS. Ja, es seint ir under euch, aber leider ie nit vil, die Christum rein predigen, sonst ligen euer ganze Clöster vol ob einander, und seit weder Got noch der Welt nütz.

MÜNCH. Ich mein ir seit unsinnig. Was tunt wir sunst Tag und Nacht, dann daß wir Got dienen?

HANS. Ja, ir steckt vol Gotsdienst und guter Werk, und felet doch des allernötigsten Werks, das Christus fodern wirt am letzten Urteil, Matth. xxv, nemlich die Werk der Barmherzigkeit. »Ich bin hungerich gewest, und ir hant mich nit gespeiset« etc.

MÜNCH. Lieber, geben wir dann kein Almusen? Kommet Morgen umb Mittag für unser Clöster, da wert ir ein Haufen armer Leut sehen, die wir täglich speisen.

PETER. Ja, ir gebt in Speis herauß, die ir nit mögt, und schüttet in Suppen und Arbeiß[79], Kraut und Fischschuppen under einander. Schämpt ir euch nit, daß ir dem Herren Christo ein söllich Geschlepper zu eßen gebt, wann er spricht Matthei xxv »was ir den Minsten auß Meinen tan habt, hant ir mir selbs tan.«

MÜNCH. Ja, ich bekens, unser leiplich Almusen ist klein, aber die geistlichen Tröstung teiln wir auß, wer unser beger.

---

79 Arbeiß, Erbse

PETER. Ja, ir get wol gern zu den Kranken, man lonet euch euer Geng auch wol; wo ir aber vergebens mit einem get und in tröstet, stet sein Sach gewislich nit wol, darzu ißet man nit wol von euern guten Worten.

HANS. Es stet aber j. Joan. iij »wer diser Welt Güter hat und sicht seinen Bruder Not leiden und schleußt sein Herz vor im zu, wie bleibt die Lieb Gottes in im?« und weiter »meine Kinder, laßt uns nit lieben mit Worten noch mit der Zungen, sonder mit der Tat und mit der Warheit.« Nun vermöcht ir wol manchen Armen enthalten, ir get aber vor den Armen fürüber, wie der Priester und Levit bei dem Verwunten fürüber giengen, Luc. x, und wo nit wir Weltlichen, von euch verachte Samaritaner, in zu Hilf kemen, so müsten sie eurenthalb (wie dar arm Betler Lazarus vor des reichen Mans Haus, Luce xvj) verschmachten.

MÜNCH. Wir haben warlich nichts zu Gewalt, wir seint geistlich Personen, darumb spenden wir nur geistliche Güter auß, und das williglich.

PETER. Ja ir spent euer Vigilg, Selmessen und alle euer Gotsdienst miltiglich gnug auß, wie ich mein Semel und Meister Hans seine Schuch, doch mit der Underscheid: wer kauft der hat. Und precht einer euerm Seckeldario[80] v Gülden für ein Opfer und felet umb ein Ort[81], er nem das Gelt nit, keme mit im für Recht: also miltiglich gebt ir eure gute Werk von euch.

MÜNCH. Behüt euch Got, wir verlieren die Zeit unnützlich da bei euch, wir müßen weiter gan, da man uns etwas gibt.

HANS. Lieber Bruder Heinrich, sagt mir noch ein Wort.

MÜNCH. Was ists?

HANS. Haltent ir ewige Keuschheit, wie ir dann gelobt habt?

MÜNCH. Ja, warumb nit? Wüsten wirs nit zu halten, wir gelobtens nit.

HANS. Spricht doch Christus Matth. xix »das Wort faßet aber nit iederman, sonder den es geben ist.« Da meinet ie Christus, keusch zu leben ste nit in eigenem Gewalt, sonder muß von Got geben werden.

---

80 Seckeldarius, absichtliche Entstellung von Sekretarius (z. B. offizagel statt official)

81 Ort, ¼ Gulden

PETER. Irer Keuschheit werden die Peurin wol gewar, wann die Münch Kes samlen[82].

MÜNCH. Wo habt irs in unserm Orden erfaren?

PETER. Ich mein euch allein nit, sonder alle Bettelmünch, die da Kes samlen.

MÜNCH. Ja, wann schon ein Unkraut under einer so großen Versamlung ist, wie kan man den Haufen darnach urteilen.

HANS. Ich hab Sorg, ob ir euch gleich der naturlichen Werk enthalt, besudelt ir euch doch in andre unzimliche Wege.

MÜNCH. Ja da muß man das Fleisch casteien, und ist schier die ganz Regel und Statut darauf gericht das Fleisch zu dempfen.

HANS. So ist durch Paulum von euer Regel und Statut gesagt i. Colo. ij »laßt euch nit fangen mit Satzungen, die wol haben ein Schein der Weisheit durch selberwölte Geistlichkeit und Demut und durch daß sie des Leibs nit verschonen und an das Fleisch kein Kost wenden zu seiner Notturft.«

PETER. Von Nöten seint die Münch so mager und die Pauern so feißt, die fasten nit so vil als die Münch.

MÜNCH. Es ist nicht als umb das Fasten zu tun, es seint unser Casteiung mancherlei.

PETER. Lieber Bruder Heinrich, erzelt uns ein Teil.

MÜNCH. Gern. Wir tragen unden nichts Leines an, gürten uns mit Stricken und gen barfuß in zuschnitten Schuhen. Wir tragen auch kein Har auf dem Kopf, wir baden auch nit unser Lebenlang biß nach dem Tod, wir ligen auch auf keiner Federn wir ziehen uns auch nit gar ab, so eßen wir kaum halbe Zeit Fleisch, und eßen auß keinem Zin, und müßen etliche Zeit Silentium halten, das heißt schweigen, wir müßen auch alle Tag wol ein Stund oder v im Chor sten und knieen und alle Nacht gen Metten auf.

PETER. So muß ich mit meinen Knechten den ganzen Tag arbeiten, übel eßen, und legen uns oft kaum umb Mettenzeit nider; da singen mir dann meine Kinder oft erst Metten: ich hab vil ein hertern Orden dann ir.

---

82 Die Käse sammelnden Mönche, sog. Käsebrüder, waren bei den Bäuerinnen wegen ihrer Unkeuschheit berüchtigt.

Münch. Ja wann ir da weret, wenn wir Capitel halten, würd euch das Lachen wol vergen, wenn ir die Ruten hörten singen.

Peter. Ir halten nit hinan mit den Ruten, ir macht nur ein Spiegelfechten, es tut nichts.

Münch. So legt man aber einen in die Pressaun[83], und leßt in versaufen.

Hans. O ir Blinden, wie füret ir einander in euern ertichten unhilflichen Menschenwerken.

Münch. Spricht doch Got: Mensch, hilf dir, so wil ich dir auch helfen.

Hans. Wo stet das geschriben? Also kumpt ir mit ertichten Sprüchen herfür, das stet aber wol geschriben Osee xiij »o Israel, in dir stet dein Verderben und in mir allein stet dein Hilf.« Darumb hilft euer gleisnerisch Obeiß[84] nit zur Dempfung des Fleischs, wann es stet Gen. xiij »des Menschen Herz ist von Jugent auf geneigt zur Bosheit.« Darumb stet Prover. xx »wer mag sprechen: mein Herz ist rein?« Nun habt ir Eßen, Trinken und Schlafen den Ueberfluß, und feirent dennoch darzu, darvon sich dann die eingepflanzt Natur entzündet, wann das Wort Gene. am i. und ix. stet fest »wachset und meret euch.« Derhalb ist (on sondere hohe Gnad Gottes) euer Herz befleckt mit bösen prinnenden Begirden.

Münch. Ei, so wir nun nit darein verwilligen, so verdienen wir mit sölchen Anfechtungen.

Hans. Ir spilent aber im Herzen mit sölchen Gedanken, wie ein Katz mit der Meus. Nun ist Got ein Erkündiger aller Herzen, wie Actuum j »derhalb urteilt Got nach dem Herzen.« Darumb spricht Paul. j. Cor. vij »es ist beßer heiraten dann prinnen.« Und im selben Capitel »so ein Junkfrau heirat, so sündiget sie nit.«

Münch. Ja wir haben aber ewige Keuscheit gelopt in unser Profeß mitsampt williger Armut und heiliger Gehorsam.

Hans. Ir hört aber wol, ir halt ir nit volkommenlich. Warumb habt ir ein ander Gelübd auf euch genommen und habt euch nit an der Tauf benügen laßen, darin ir dem Teufel und alle seinem Gespenst widersaget habt?

---

83   Pressaun, Gefängnis (prison)
84   Obeiß (aus obeissance)

MÜNCH. Ei das ist die ander Tauf, darin man uns auch andere Namen geit, da werden wir widerumb neue geboren.

HANS. Spricht doch Paulus Ephe. iiij »es ist ein Herr, ein Glaub, ein Tauf, ein Got Vater unser aller.« Derhalb ist euer Tauf kein Tauf, sonder ein Ding von Menschen erticht, welche alle Lügener seint, Psal. cxv. Darumb get ir auch mit menschlicher lugenhaftiger Weis umb, halt Keuschheit eben wie die Armut. Ich glaub, es sei mit euer Gehorsam auch also.

MÜNCH. Wie, halt wir nit volkommenlichen Gehorsam? Es get unser keiner für das Closter on Erlaubnus des wirdigen Vaters Gardian.

HANS. Ja ir halt Gehorsam in den Dingen, die ir gern tut, aber etwan doch mit unwilligem Herzen gegen euern Obersten, doch ist das nit die rechte Gehorsam, so die Schrift von uns fodert i. Petri ij »seit undertan aller menschlichen Ordnung umb des Herren willen, dem König als dem Obern« etc. und Rom. xiij »seit undertan aller weltlichen Oberkeit«, und weiter »so gebt iederman was ir schüldig seit, dem Schoß dem das Schoß gebürt, dem Zol dem der Zol gepürt.« Und Matth. xxij »gebt dem Keiser was des Keisers ist und Got was Gottes ist.« Von diser Gehorsam aber, die Got wil haben, habt ir euch fein außgeschleift, und habt ein eigene ertichte Gehorsam angenommen, darin ir frei seit von allem Frönen, Zehenten, Reisgelt[85], Wachgelt, Steuergelt, Zinsgelt, Lehengelt, Zolgelt, Ungelt[86] und allen Pürden, so wir alle brüderlich under einander tragen.

MÜNCH. Ei wir seint geistlich Personen und auß der Welt, derhalb seint wir auch gefreiet von den weltlichen Tributen.

HANS. Von weme?

MÜNCH. Von dem Allerheiligisten Bapst Honorio dem iij. und vom Keiser Fridrich dem ij. vor ccc Jaren. Wölt ir Lutherischen uns erst reformieren?

HANS. Es hat ein Blinder den andern gefürt, wie Luce vj »so ein Blinder den andern fürt, fallen sie nit beide in die Gruben?« Sagt mir eins, warin doch euer Gehorsam gegründt ist.

---

85 Reisgelt, Kriegsabgabe (von Reisige)

86 Ungelt, eine überflüssige, daher unrechte Abgabe

MÜNCH. In unser Regel und Statut, wie sie dann von Wort zu Wort angezeigt seint.

HANS. Nun ist ie euer Regel und Statut nur von Kutten, Platten, Stricken, Schuhen, Fleisch meiden, Schweigen, Singen, Lesen, Mettegen, Chorsten, Bücken, Knien und sölchen eußerlichen ertichten Werken, derhalb get der Spruch stracks auf euch Matth. xv »vergeblich dienen sie mir, dieweil sie leren sölche Lere, die nichts dann Menschen Gepot seint«, und weiter »alle Pflanzen, die Got, mein himlischer Vater, nit gepflanzt hat, werden außgereut.«

MÜNCH. Seint dann sölche unser geistliche Uebung nit gut?

HANS. Nein.

MÜNCH. Wie so?

HANS. Da hat sie Got nit gepoten noch geheißen.

MÜNCH. Ei wir tuns aber guter Meinung Got zu Eren.

HANS. Got leßt im nichts gefallen, dann was er geheißen hat, wie Levit. x. Da Aarons Sön Nadab und Abihu Feuer in ir Nepf namen und wolten vor dem Herren reuchern, da verprennet sie das Feur des Herren, darumb daß sie mit frembden Feur reuchern wolten, das Got nit gepoten het, und tätens doch auch Got zu Eren. Nun seint ie euer Orden lauter frembder ertichter Gotsdienst, im Schein außwendig heilig und gleißend, inwendig aber im Grund lauter wurmstichig und bedrieglich Gespenst, wie Matth. xxiij »we euch Gleisnern und Heuchlern, die ir seit wie die geweißeten Totengräber, welche außwendig hübsch scheinen, inwendig aber seint sie vol Totenpein und Unflats«, also auch ir: außwendig scheinet ir frum, inwendig aber seit ir vol Heuchlerei und Untugent.

MÜNCH. Ei Lieber, warmit?

HANS. Ir habt es wol zum Teil gehört, ir haltet Armut on Mangel, und Keuscheit, die besudelt ist, und Gehorsam, die erticht ist.

MÜNCH. Sagt was ir wölt, wir haben ie den volkommen Stand dem Evangeli nach, Matth. xix »wiltu volkommen sein, so verkauf was du hast« etc.

HANS. Ei das muß geistlich verstanden werden, also daß wir unser Hofnung und Trauen nit auf das Irdisch setzen, sonder allein auf Got, wie Paulus beschreibt j. Cor. vij »lieben Brüder, die da Weiber haben, die seien als hetten sie keine, und die da kaufen als behielten sie es nicht, und die sich diser Welt geprauchen als prauchten sie ir nicht etc.« Das ist auch gut bei dem zu merken: wir könten ie nit alle das unser verlaßen und Münch werden. Wer wölt zu letzt Korn pauen? Nun müßen wir ie alle volkommen sein, sol wir in das Reich Gottes kommen, wie Apocal. xxj »es wirt nichts Unreins hinein gen in das himlisch Jerusalem.«

PETER. Ei, die Observanzer haben einen Beiweg gefunden. Wenn wir Laien sterben wöllen, so ziehen sie einem ein graue Kutten an, machen erst ein Münch auß im, schern und baden in, so färt er dann als ein Voller (ein Volkomner sol ich sagen) gen Himel, wie ein Ku in ein Meusloch.

HANS. Lieber Bruder Heinrich, was hat euch in den Orden pracht?

MÜNCH. Daß ich selig werd, wie uns dann in der Profeß verheißen Wirt.

HANS. Hoft ir durch eure Münchwerk selig zu werden?

MÜNCH. Ja, was wölt ich sonst im Closter tun?

HANS. Spricht doch Paulus Ephe. ij »auß Gnad seit ir selig worden durch den Glauben, und das selbig nit auß euch, es ist Gottes Gab, und nit auß den Werken, auf daß sich niemant berüme.«

MÜNCH. Verheißt doch Christus an vil Enden die Werk zu belonen, wie Matth. xxv, Luce vj, Joan. v und Paul. j. Cor. iij.

HANS. Da nimpt man die Werk für den Glauben, darauß sie gefloßen seint. Daß ir es aber klarer verstet, daß Got die Werk nit belonet, so höret Christum selbs Luce xvij »wann ir alles tan habt, was euch bevolhen ist, so sprecht: wir seint unnütz Knecht, wir haben getan, das wir zu tun schüldig waren.« Hie hört ir daß durch die rechtgeschaffen christlichen Werk niemant nichs verdient, wann es spricht Esa. lxiiij »unser Gerechtigkeit ist als ein unrein Tuch einer kranken Frauen.« Wie wölt ir dann durch eure selb ertichte eigennützige Werk selig werden?

PETER. Wie bestet ir nun mit euer Kaufmanschatz, der euch vil übrig ist gewest zu der Seligkeit, die ir uns verkauft habt?

MÜNCH. Sölt ich dann wißen, daß ich nit selig würd durch mein clösterlich Leben, ich wölt mein Kutten an ein Zaun henken und mit Stein darzu werfen.

PETER. Ei so get auß dem Notstal[87]. Es stet ie Matthei xxj »die Huren und offenbaren Sünder werden euch vorgen in dem Himmelreich.«
MÜNCH. O ich bin nun alt, und kan nichts. Was wölt ich anfahen?
HANS. Ich wil euch ein Holzhacken schenken, daß ir euch mit Arbeit ernöret.
MÜNCH. Ich darf ir nit.
HANS. Wie so? Da würdt ir erst rechte wäre Armut empfinden, und würd euch die Unkeuschheit vergen, und erst recht gehorsam werden iederman.
MÜNCH. Nein, nein! Ich weiß beßer im Closter.
HANS. Ich hör wol, ir seit der Leut da Paulus von sagt j. Philip. iij »die Feind des Creuzs Christi, welcher End ist das Verdamnus, und denen der Pauch ein Got ist.« Also fürcht ir die Armut und habt si doch gelobt, und pleibet über Erkantnus der Warheit in dem Irtumb.
MÜNCH. Ich höre zwar nit vil Guts von den außgelaufnen München sagen, sonder wie sie schönen Frauen nachgent, und under x kaum einer gern arbeit, und popitzen[88] sonst, einer das, der ander jens, darmit sie sich on Arbeit ernören mögen; so gent irer eins Teils sonst bösen Stucken nach. Wie kan sie dann ein guter Geist auß den Clöstern driben haben?
PETER. Dabei erkent man was Guts in den Kutten steckt: die vor in Clöstern haben gelebt wie die lebendigen Heiligen, die leben nun heraußen wie die Lotterbuben, und haben doch eben das im Herzen getan im Closter, das sie herauß tunt mit Werken.
HANS. Ich hab aber leider Sorg, vil laufen auß den Clöstern auß Fürwitz, Mutwillen (ire böse Lüst in der Welt zu büßen) und doch wider ir eigen Gewißen. Das kan nit auß dem Glauben gen, was aber nit auß dem Glauben get, das ist Sünd, Rom. viiij. Die selben füren darnach ein bös Leben, ir Gewißen wirt sie aber wol anklagen, geschichts iezunt nit, wirt es in Tods Nöten nit dahinden pleiben, Got erbarm sich ir! Welche aber durch Erkantnus des Wort Gottes ir töricht Gelübt untuchtig zu halten erkennen und mit freiem sicherem Gewißen gent auß dem Stand, von Menschen eingesetzt, und

---

87   Notstal, ein Stall für wilde Pferde, hier soviel wie Zwang
88   popitzen, firlefanzen, Schwindelarbeit machen

dreien in den Stand, von Got eingesetzt, nemlich in die Ehe, Gene. ij »der Man wirt Vater und Mutter verlaßen, und seinem Weib anhangen«, und welche sich also nören mit Arbeit, darzu sie (wie der Fogel zum Flug) geporen seint, Job. v, die selbigen kan ich ie nit unrecht urteilen.

Münch. Ich wil ie nit herauß, und ob Sant Peter sprech, es wer nit unrecht.

Hans. Ir seit eben der Rechten einer, darvon Esai. sagt vj »er hat ire Augen verblendet und ire Herz verstocket, daß sie mit den Augen nit sehen und mit den Herzen nit vernemen und sich bekerten, daß ich sie selig mach.«

Münch. Ei Lieber, sein wir dann so in einem gefärlichen Stand, wa für halt ir uns doch?

Hans. Ich halt euch für die Leut, darvor uns Petrus warnet ij. Pe. ij »es werden falsche Lerer under euch sein, die neben einfüren werden verderbliche Secten, und verleuken des Herren, der sie erkauft hat«, und weiter das ganz Capitel sagt von euer Verfürung.

Münch. Lieber, das ist von uns nit geredt. Wo verlaugnen wir Christi des Herren?

Hans. Ir verlaugen seiner Erlösung und Seligmachung, und wölt euch durch euere Scheinwerk selig machen, und weiset andere Leut auch von Christo auf ire eigene Werk die Seligkeit zu erlangen, und verkauft simoneiischer Weis die guten Werk.

Münch. Ei Lieber, ir seit uns sunst feind, darumb schmächt ir uns.

Hans. Nein, bei meiner Sel Heil, allein auß brüderlicher Lieb.

Münch. Lieber, seit ir dann evangelisch, so dürft ir nit so spötlich mit uns handeln, wann ir müßt von iedem unnützen Wort Rechenschaft geben am jüngsten Gericht, Matth. xij.

Hans. Ir wölt die Schrift nit annemen, da sie von euch sagt, darumb müßen wir euch mit euer eigen Tat (welch an ir selb spötlich und lecherlich ist) überweisen, daß ir diejenigen seit.

Münch. Wem ist aber mit geholfen?

Hans. Euch, ob ir euch (durch so vil Anzeigung) doch einmal selber im Grund erkenten, wie ellend, blind, hartselig Leut ir wert, und nit also hochfertig mit dem Gleisner im Tempel, Matth. xviij, eure Werk rümet, und darauf bochet selig zu werden, sonder demütig mit dem offenbaren Sünder sprecht: Got bis gnedig mir armen Sünder, und würdent erst recht geistarm, hungerich und durstig nach der Gerechtigkeit Gottes, Matth. v. Dann wirt ir erfült mit Gütern, wie Lu. j, das ist mit dem unerforschlichen Schatz Jesu Christi, Ephe. 3. welches seint die tröstlichen Zusagung Christi, die wurden euch erst wol geschmack und angenehm werden. Darumb lieber Bruder Heinrich, was ich und mein Bruder Peter mit euch geredt haben, ist im besten (on allen Neid und Haß) geschehen, wölt Got es hettens alle Münch gehört auß allen Orden, und bitten euch umb Gottes Willen, uns nit zu verargen, ob wir etwas zu vil hart wider euch hetten geredt.

PETER. Seht hin, lieber Bruder Heinrich, zwei Liecht, und leset darbei nit Scotum oder Beneventuram, sonder die Bibel. Etwan wirt euch Got auch erleuchten mit seinem götlichen Wort, und habt uns nichts in Uebel.

MÜNCH. Nichts, lieben Brüder. Ich wil den Dingen weiter nach suchen, wir gen dahin, Got sei mit euch!

PETER. Amen.

MDXXIIII.

Esaie lix.

Sie söllen auch von iren Werken nit bedeckt werden, und ire Werk seint unnütze Werk.

Anno 1524.

Ein Dialogus/des inhalt/ein argument der Römischen/
wider das Christlich heiiflein/den Geytz/auch ander
offenlich laster etc. betreffend.
Ephesios. v.
Hùrerey und unrainigkait/oder geytz/laßt nit von euch
gesagt werden/wie den heyligen zù steet.

Dem achtparn Hans Odrer zu Preisla
wünscht Hans Sachs Genad und Frid
in Christo Yesu unserm
lieben Herren. Amen.

Geliebter Bruder in dem Herren, ich bin durch vilfaltig Pit unsers lieben Mitbruders Ulrich Lauthi angelanget dir zu dienen mit der Gab, so ich empfangen hab, nach der Ler 1. Petri 4 auf dass ich aber nicht wie der faul Knecht (Matthei 25) erfunden werd, bin ich im zu Willen worden mit einem Dialogo, den ich dir hiemit überschick, des Inhalt ist ein Argument, so unsere Römische mit hoher Stimm aufsschreien auf der Kanzel und wo sie Raum haben, die evangelischen Ler zu lestern, fürnemlich mit dem verfluchten Geiz, nachmals mit andern offenlichen Lastern, welche noch (Got erbarms) in vollem Schwank bei uns gent von den, so Christum noch nicht wahrhaftig im Geist erkent haben als wer darumb die Ler falsch. Mit Disputieren und Schreiben haben sie wenig Er erlanget, noch vil weniger mit iren ungezelten Hinderdücken, fallen nun auf das sündig Leben, welches ich hoff werd kurzer Zeit fallen durch den Hal der evangelischen Pusaun, wie die Statmaur Hiericho (Yosue 6). Alsdann haben sie nichts wider uns, dann sie villeicht die Hend in dem christlichen Plut waschen, auf dass die Zal der Mitbrüder, so um des Gottes Worts willen erwürgt werden, erfült werd (Aporalipsis 6), wie dann angefangen ist. Got sterk uns alle in seinem Wort zu verharren bis ans End und selig werden. Amen. Matthei 24.

   Geben zu Nürnberg, am Tag Michaelis, im 1524 Yar.
                  Matthei 26.

   Der Geist ist willig, aber das Fleisch ist schwach.

ROMANUS. Pax vobis, lieber Junker Reichenburger!

REICHENBURGER. Seit mir Got wilkum zu tausent Malen, wirdiger Vater Romanus[89]! Euer Zukunft[90] in mein Haus bedeut warlich ein Schne, seit ir mein Haus nun bei drei Jaren gemiden habt. Was gebiet ir?

ROMANUS. Zwar nit vil. Ich hab mit euch zu reden eines Geschefts halb, vor dreien Jaren geschehen, darin seit ir ein Vormund.

REICHENBURGER. Ich wolt fürwar wenen, ir wöltet euer Kleid der Geizigkeit (Geistlichkeit solt ich sagen) hierin bei mir abziehen, und wolt ein Christ werden, seit ir also unversehens und einig zu mir hereinschleicht.

ROMANUS. Ich wil mein Kutten noch wol lenger tragen der Miltigkeit halben, so ir neuen Evangelischen übet und treibet under einander, und ir seit mir nur zu lieb darzu, wölt euch sunst anders antwurten.

REICHENBURGER. Sagt an, wirdiger Vater, was ir wißt, iedoch die Warheit; bedurft mein nicht verschonen.

ROMANUS. So schaut in Spiegel euers Herzen, wie rein ir seit des Geiz halb, und nicht allein euch, sunder sehet an alle dise Welt vom Minsten biß zu dem Meisten, so findet irs alles überschwembt mit Geizigkeit, daß Esaias wol war sagt am vj. Capitel »von dem Minsten biß zu dem Meisten all gent sie nach der Geizigkeit.« Ir neuen Evangelischen wendet aber euer Augen allein auf uns Münich und Pfaffen, sam seien wir allein geizig, und vergeht die weil euer selb darbei. Ir aber werdt mit uns nit entschuldigt, Christus spricht Luce am xiij »meint ir, daß die Achtzehen, auf welche der Turn in Siloa fiel und erschlug sie, seien schuldig für alle, die zu Jerusalem wonen? Ich sag nein darzu, sundern so ir euch nicht beßern, werdt ir all also umbkummen.« Darumb, ir lieben Evangelischen, tut vor den Palken auß dem Aug, darnach das Bechtlein[91] auß euers Bruders Aug (Matthei am vij).

REICHENBURGER. Ei wo betriegen wir die Leut also geiziglich als ir Geistlichen uns eine lange Zeit her betrogen habt, als mit Ablaß,

---

89 Romanus, soll hier »Römling« heißen
90 Zukunft, Ankunft (Besuch)
91 Bechtlein, Splitter

Ban, Opfer, Vigil, Selmess, guten Werken, mit sampt den Sacramenten, die ir uns umb Gelt verkauft habt, das übrig mit Betlen und andern Alfenzen abgewunnen.

ROMANUS. Ei so betrüget aber ir einander in Kaufhendeln, Gerichshendeln, Wucher und in Summa durch und durch. Wer wil die Handtierung all erzelen, darin der Geiz regirt? Mir ist noch unvergeßen, was mir oft in der Beicht fürkummen ist, wenn ichs reden dürft.

REICHENBURGER. Wirdiger Vater, sagt mirs beichtweis hie under der Rosen[92]! Ich mag die Warheit wol hören, wie pitter

ROMANUS. Von wannen kumbt das Fürkaufen, als Wein, Getreid und Salz und alles, was man erdenken mag? Kumbt es nicht auß dem Geiz?

REICHENBURGER. Ei nicht redt also! Solt man bei gemeiner Stat nicht solche Leut haben, wurd es oft in Teurungen, Kriegslasten oder andern Nöten klein zu gen. Stet nicht Proverbiorum vj »o Dreger, sihe zu der Ameißen und merk ire Weg und lern die Weisheit, sie bereitet ir Speis im Summer und samlet im Schnit[93], das sie eß.«

ROMANUS. Ich red nit von Fürkaufen, da man Nutz sucht einer ganzen Gemein und gleich einen zimlichen Pfenning zu Gewin nimbt, und noch vil weniger, wo ein Oberkeit fürkauft und gemeinen Nutz sucht, sonder allein red ich von den Fürkaufern von Eigennutz und Gewins halb, und dem Fürkaufer leid wer, daß nachmals Wein, Getreid und anders wol geriet, frolocken in dem ungeraten Jar, verbergen den Fürrat in der Not, wo sie verhoffen mer Gelts daran zu erhalten. Von denen stet Proverbiorum xj »der da verbirgt sein Getreid, der ist verflucht under den Völkern.« Und Levitici xxv »du solt dem Armen dein Speis nit mit Uebersatz[94] auftun.« Und Deuter. xxiij »du solt an deinem Bruder nicht wuchern weder mit Gelt, noch mit Speis, noch mit all dem, damit man wuchern kan.« Und Amos viij »höret das, ir zeknischet[95] den Armen und machet

---

92   under der Rosen, im Vertrauen (sub rosa).
93   Schnit, Ernte
94   Uebersatz, Wuchergewinn
95   zeknischen, erdrücken

manglen die Dürftigen der Erd, saget: so der Schnit verget, verkaufen wir die Lon, und den Sabath wir tun auf das Getreide, wir mindern die Maß und meren den Seckel und verkaufen die Spreuer des Getreids, das wir besitzen, den Durstigen im Silber. Und der Herr schwur: ich wird nit vergehen aller irer Werk biß ans End.«

Reichenburger. Fürkaufen in solcher Maß ist nicht ein christlicher Handel, es tu gleich wer da wöl.

Romanus. Auch regiert der Geiz in Geselschaftern, also daß sie etlich War zu Hauf aufkaufen andern auß den Henden und dann zu sich bringen, als Spezerei und was dann ir Handel und Gewerb ist, machen damit ein Aufschlag, wenn sie wöllen, beschweren also Land und Leut. Ist das gut evangelisch?

Reichenburger. Es ist auch unrecht, wann alles, das ir wölt, daß euch die Leut tun, das tut in auch widerumb (Matth. vij)

Romanus. Auch regiert der Geiz mit böser War, schwert sie oft eim mit Gewalt ein[96], darob oft ein Armer verdirbt; das ist verboten Levitici xix »ir solt nit stelen, liegen noch felschlich handeln einer mit dem andern«, und Ecclesia. xxxiiij »der den Armen betreugt ist ein Man des Pluts«, und j. Thessalon, iiij »niemant greif zu weit noch vervorteil sein Bruder im Handel, dann der Herr ist ein Recher über das alles.« Wo bleiben dann die so gute War erst in irem Gwalt felschen? Ist das gut evangelisch?

Reichenburger. Ei das seint unchristlich Hendel. Es spricht Malachias j »verflucht sei der betrieglich handelt.«

Romanus. Auch regiert der Geiz mit falscher Wag, Maß, Zal, Ueberschnellen in Rechnung, Anschreiben, ist verboten Levitici xix »ir solt nit ungleich handeln am Gericht mit Elen, mit Gewicht, mit Maß etc.«, und Proverbiorum xj »ein trieglich Wag ist ein Fluch bei Got«, und Luce vj »mit was Maß ir meßt wirt euch widerumb gemeßen.« Ist solchs gut evangelisch?

Reichenburger. Ei wer heißt es gut, was wider Got und die Lieb des Nechsten ist?

Romanus. Weiter regiert der Geiz gewaltiglich under den Kaufherren und Verlegern, die da drucken ire Arbeiter und Stückwerker; wenn

---

96 schwert sie ein, drängt sie auf

sie inen ir Arbeit und Pfenwert[97] bringen oder heim tragen, da tadeln sie in ir Arbeit aufs hinderst[98], dann stet der arm Arbeiter zitrend bei der Tür mit geschloßnen Henden, stilschweigend, auf daß er des Kaufherren Huld nit verlier, hat etwann vor Gelt auf die Arbeit entlehent, alsdann rechent der Kaufherr mit im wie er wil. Büßt der Arm sein eigen Gelt ein zu seiner Arbeit, dann freut sich der Reich des guten wolfeiln Kaufs, meint er hab im recht getan. Hört aber was stet Levitici xxv »wenn du deinem Nechsten verkaufst oder abkaufst, solt du in nit schinden.« Und Deutero. xxiiij »nicht vervorteil den Lon des Benötigten und Armen, auf daß er nicht den Herren über dich anrüf, und sei dir Sünd.« Und Ecclesia. xxxiiij »der da vergeußt das Plut und betreugt den Arbeiter, seint Brüder, und der da abnimbt das Prot im Schweiß, ist als der da töt den Nechsten.«

REICHENBURGER. Ir sagt aber nicht darbei, wie stolz die Arbeiter seint. So man ir bedarf, kan man ins nicht gnug bezalen und kan dannocht niemant nichts von in bringen.

ROMANUS. Ir Puchen[99] kan nicht lang weren. Alsdann wirts inen zwifelig eingedrenkt, so der Handel steckt, oder im Winter, so es allenthalben klem ist, da müßen sie euch wolfeiler geben. Im Summer habt ir im die Haut abgezogen, im Winter saugt ir im das Mark auß den Beinen. Ist das gut evangelisch, daß die Armen also Tag und Nacht über und über arbeiten und sich doch des Hungers mit Weib und Kind kaum erneren mögen? Gedenkt ir nit, Got erhör das Weklagen, wie Exodi vj »ich hab erhört das Weklagen der Kinder Israel, die die Egiptier mit Fronen beschwerten.«

REICHENBURGER. Sölches Schinden hat mir mein Lebenlang nie gefallen. Es ist aller ding unchristlich.

ROMANUS. Weiter regiert der Geiz in dem Wechsel, der so mancher Gestalt ist on Zal. Weiter regiert der Geiz: verkauft einer umb Pargelt[100] ein War umb hundert Gulden, sol man borgen ein halb Jar, muß man fünf oder sechs Gulden mer geben. Diß ist nit evangelisch.

---

97 Pfenwert, Ware (pennyworth, derrata) was einen Pfennig wert ist
98 aufs hinderst, aufs äußerste
99 puchen, pochen, trotzen
100 Pargelt, bar Geld

REICHENBURGER. Ei Lieber, der Verkaufer gewunne die weil mit dem paren Gelt wol so vil, als im der Kaufer hinüber gibt.

ROMANUS. Wie, wenn er so vil verlur oder die Haubtsumm gar? Darumb wil man borgen, sol man on Aufsatz borgen, wann es stet Matthei am v »wer von dir borgen wil, von dem ker dich nit.«

REICHENBURGER. Ich hör wol. Wenn einer von mir wölt borgen umb hundert Gulden und ich hets zu borgen, wer ichs im schuldig zu borgen? Nein, sunder allein bin ichs schuldig zur Noturft und nit zum Ueberfluß zu borgen, also auch mit dem Leihen. Luce vj »leihet da ir nicht für hoffet.« Ist nur auf die Noturft des Nechsten und nit zum Ueberfluß. Solt man iedem leihen nach seinem Begeren, man fund manchen Schlüffel[101], vordert mer dann drei gewunnen mit Spilen, Brassen und anderm; also hulf man im darzu, und wer wider Got.

ROMANUS. Es mag villeicht also sein. Auch regiert der Geiz im Lehen unerzelt mit vil Aufsetzen, wann gewonlich sucht der Lehenherr seinen Eigennutz mit des Armen Schaden: da leicht[102] er böse Münz für gute, böse War für gute, oder leicht ein Summa Gelt ein Jar umb ein Gulden zwen hinüber, das ist ie Wucher, es sei dann die Schrift falsch, Exodi xxij »wenn du Gelt leichest meinem Volk, das arm ist, soltu dich nicht als ein Wuchrer gegen im halten und keinen Wucher auf in treiben.« Und Levitici xxv »wenn dein Bruder verarmet und abnimbt bei dir, soltu in aufnemen und nit Wucher von im nemen, noch zu vil, sunder solt dich vor deinem Got fürchten, auf daß dein Bruder neben dir leben künne, dann du solt im dein Gelt nicht auf Wucher tun.«

REICHENBURGER. Darf man dann kein Liebung nemen für Müe und Arbeit, so man groß Summa Gelt außleicht, das der Müe wert ist?

ROMANUS. Es leidet sich weder Schenk, Trinkgelt oder wie mans nennen mag, wann Christus spricht stracks Luce vj »ir solt leihen, da ir nichts für hoffet, so wirt euer Lon groß sein und werdet Kinder des Allerhöchsten sein.« Wil man aber dem Spruch ein Nasen drehen, also »man sol nit hoffen, gibt man aber die Haubtsumm und schen-

---

101 Schlüffel, armer Teufel, Vagabund
102 leicht, leiht

ket etwas darneben, so mag mans nemen«, so leit aber der Spruch hart am Weg Ezechielis xviij »ein Man, der da tut die verfluchten Werk, der da leicht zum Wucher und mer dann das Haubtgut einnimbt, wirt er dann leben, so er tut die verfluchten Ding? Er wirt nit leben, er stirbt des Tods und bleibt sein Sünd auf im, spricht der Herr.« Hie hört ir klerlich, was über das Haubtgut eingenummen wirt, es sei wenig oder vil, die Haubtsumm sei groß oder klein, man geb im Namen wie man wöl, so stet die Schrift hie und heißt es Wucher. Mer dem Lehen oder Zinskauf auf Weinberg, Gerten, Ecker, Wisen, Welde, Vischwaßer, Heuser, Stedel oder wie solche ligende Güter genant werden laß ich den Titel und Namen, den im der Prophet Neemias am v. Capitel gibt. Der Rein wirt in nit abwäschen.

REICHENBURGER. Es ist nicht weniger, ein großer Misbrauch ist im Lehen und leider ser eingerißen.

ROMANUS. Ja ie eingerißen, daß der Spruch redlich erfült ist zu unser Zeit Psal. liiij »es hört der Wucher und Betrug nit auf in iren Gaßen.« Diß aber alles get über die Armen, wie Proverbiorum am xxviij »der da samelt die Reichtumb mit Wucher und mit freiem Wucher, der samelt sie wider die Armen.« Darumb droet Got dem Wuchrer durch Ezechielem am xxij »du hast genummen den Wucher und die Ueberflüßigkeit, und geiziglich hastu genöt deine Nechsten, und du hast mein vergeßen, spricht der Herr Got, und ich schlug zusamen mein Hend ob deiner Geizigkeit, die du hettest.« Und Amos iiij »ir feißten Kü, höret das Wort des Herren, die ir seit an den Bergen Samarie, die ir tut Zwanksal dem Durstigen und zerknischet den Armen«, wie man dann täglich sicht, daß die Wuchrer feißt werden vom Plut der Armen.

REICHENBURGER. Ei, ei, ei! Was sol ich antwurten? Die Warheit ist zu augenscheinlich am Tag.

ROMANUS. Wie gewaltig regiert dann der Geiz mit den armen Schuldigern, die nit zu bezalen haben! Da nimbt er in was sie haben, würft sie in die Türn. Ist das evangelisch?

REICHENBURGER. Wenn man fert nach Ordnung des Rechten, ist das unrecht?

ROMANUS. Ir wölt evangelisch sein? Nun lobt ie Sant Paulus das Gericht nit ser under den Christen, j. Corinth. vj, und nicht unbillich, wann es oft gar unchristlich daran zu get mit falschen Zeugen, Eid schweren, das Recht lenken, biegen, appelieren, das Recht verlengen; da gets: weil Gelt, weil Procurator, nimmer Gelt, nimmer Procurator; da regiert der Geiz mit vollem Schwank, da werden die Juristen reich von den Schenken und Helküchlein[103]. Dise falsche Juristen malet Got ab durch Hieremiam am v. Capitel »die Gotlosen seint erfunden under meinem Volk verborgen als die Vogler, sie legen die Strick und die Kloben zu fahen die Man. Als ein Fall ist vol Vögel, also ist ir Haus vol Falsch, darumb seint sie großmechtig und gereicht[104], und übergangen böslich meine Wort, sie urteilen nicht die Sach der Witwen und richten nicht die Sach des Weisen und urteilen nicht das Urteil der Armen. Heimsuch ich dann nicht dise Ding?« Und Deutero. xxvij benedeit Got dise falsche Juristen, spricht »verflucht sei wer das Recht des Frembdlingen, des Weisen, der Witwen beuget und alles Volk sagen: Amen.« Darumb solt ir die Armen nicht am Gericht umbziehen, sunder mit inen handeln nach Laut des Wort Gottes Proverbiorum am xxij »nicht tu Gewalt dem Armen darumb daß er arm ist, noch zerknisch den Durstigen vor Gericht, wann der Herr urteilt sein Sach und peiniget die da haben peiniget sein Sel.«

REICHENBURGER. Wie muß man dann mit den Schuldnern leben, daß christlich wer, es sei für Schuld wie sie genant mag werden?

ROMANUS. Es stet Deutero. xxiiij »wenn du deinem Bruder borgest, soltu nit in sein Haus gen und im ein Pfand nemen, sunder solt vor dem Haus sten, und der dem du borgest sol sein Pfand herauß zu dir tragen, ist er aber benötigt, so soltu dich nicht schlafen legen ob seinem Pfand, sunder solt im sein Pfand wider geben, e die Sunn under get, daß er in seinem Kleid schlaf und gesegen dich. Das wirt dir vor Got deinem Herren zu einer Gerechtigkeit gerechnet werden.« Und Esaie lviij »das ist das Fasten, das ich erwelt hab:

---

[103] Ueber Helküchlein, das bei Sachs häufiger vorkommt, zog ich die Wörterbücher vergeblich zu Rate. Da hel (hehler.) aber verheimlichen heißt, wird es wohl in der Bedeutung von heimlich, also unrechtmäßig bei Seite gebrachten Verdienstes zu nehmen und Helküchlein soviel wie unser vulgäres Schmu-Geld (sinn- und wortverwandt mit schmuggeln) sein.

[104] Großmechtig und gereicht, wörtlich nach der Vulgata: magnificati sunt et ditati

lös auf die Zusamenbindung, zerreiß die Schuldzettel, laß die frei die schwach seint.« Und Ezechielis xviij »widergib das Pfand dem Schuldner, nim nichts mit Gewalt.« So ist das neu Gesetz allenthalb vol Lieb, Lieb, Lieb.

REICHENBURGER. Man findt aber vil böser Zaler, die es wol hetten, dergleichen vil trunkner Pölz[105], Spiler, Hurer, die also das Ir unnütz on werden[106] und schuldig seint, kan doch mit Lieb und Güten niemant nichts von in bringen, liegen und vertrösten für und für, halten kein Glauben: sol mans dann nicht rechtlich erfordern?

ROMANUS. Ja, die sol die weltlich Oberkeit darzu halten, wann sie tregt das Schwert zu Rach der Bösen, Rom. xiij. Ich sag allein von den Armen, die Ires nicht zu Unnutz on werden, sunder in Krankheit und ander Unfal arm seint worden. Und dannocht findt man manchen Geizwurm, ders nicht notturftig ist und dannocht einen Armen von heuslichen Eren treibet. Von denen spricht Micheas ij »sie haben begert die Ecker und haben sie gewaltiglich genummen und die Heuser beraubet. Darumb spricht der Herr: ich gedenk böse Ding über diß Volk, und ir werdt euer Hels nicht darvon abnemen.« Und Proverbiorum xiiij »der da peiniget den Prestenhaftigen der lestert seinen Schöpfer.« Weiter am xxij »der da peiniget den Armen, daß er sein Reichtumb mer, der wirt es geben dem Reichern und er wirt durstig werden.« Diser Spruch rint manchen Unbarmherzigen in Busen oder aufs wenigst seinen Kindern, denn nach des Alten Tod das Gut verschwindt wie der Reif vom Zaun, obgleich der alt Karg im Reichtumb bleibt sitzen sein Lebenlang, kratzt und schart stets herzu mit oben angezeigten Stücken und Dücken (wann der Bauch der Geizigen ist unersetlich, Proverbiorum am xiij) und braucht doch der Reichtumb nicht, wie dann stet Sapientie v »der Geizig wirt nicht erfüll mit Gelt und der lieb hat die Reichtumb wirt nit nemen die Frücht auß in.« Und Amos v »darumb daß ir habt betrübet den Armen und nembt von im den erwelten Raub, ir werdet bauen mit Quadersteinen Heuser und werdt nit wonen darinnen, ir werdt pflanzen die allerlieblichsten Weinberg und werdt nicht

---

105 Pölz, Bold (Trunkenbold)

106 on werden, verlieren (los werden)

trinken den Wein auß in«, wie dann dem reichen Man geschach, Luce xij, der sprach: iß und trink, liebe Sel, du hast ein großen Fürrat auf vil Jar, sei frölich! Got sprach aber: du Nar, dise Nacht wirt man dein Sel von dir fordern, und wes wirts sein, das du bereit hast? Also get es (spricht Christus), wer im Schetz samelt und ist nicht reich in Got. Darumb spricht Christus Matthei xvj »was hulfs den Menschen, daß er die ganz Welt gewunn und lid doch Schaden an seiner Sel?« Auch stet Ecclesia. v »nicht wöllest sorgsam sein in den ungerechten Reichtumbern, dann sie nützen dir nicht in dem Tag deiner Begrebnüs und an dem Tag der Rach.« Und Ezechielis vij, Sophonie j »ir Silber und ir Gold mag sie nit helfen am Tag des Zorns des Herren.« Darumb, lieber Junker Reichenburger, wer vil beßer, wie Proverbiorum xv »wenig mit der Forcht Gottes dann vil Schetz und unersetlich«, wann es spricht Abacuck ij »we dem der zusamen samlet die bösen Geizigkeit«, und Ecclesi. x »nichts ist übeltetigers dann der Geizig, nichts ist böser dann lieb haben das Gelt, wann der hat feil sein Sel.« Und Christus Luce xij »hütet euch vor dem Geiz, wann niemant lebt darvon, daß er volle Genüge hab an seinen Gütern.«

REICHENBURGER. Ein warhafter Christ weiß wol, daß er nur ein Schafner ist über das zeitlich Gut und daß man nichts mit im eingrebt, wie Ecclesiastes v »als er ist außgangen von dem Leib seiner Muter, also kert er wider und nimbt nichts mit im von seiner Arbeit.« Und j. Timothei vj »wir haben nichts in die Welt bracht, darumb offenbar ist, wir werden nichts drauß bringen.« Derhalb ein warer Christ nicht sorgfeltig ist umb das Zeitlich, daß er vil Schetz samel, wie Matthei vj, sunder wie j. Timoth. vj »wenn wir Futer und Deck haben, so laßt uns benügen, dann die da reich werden wöllen die fallen in Versuchung und Strick und vil schedliche Lust, welche versenken den Menschen in Verderben und Verdamnüs.« Warumb wölt dann ein Rechtgläubiger sich mit solchen von euch vor angezeigten Stücken und Dücken besudeln? Wo aber einem recht gewunnen Gut zustet in Erbfal, Heirat oder mit gerechten Kaufhendeln, solt derselbig darumb nicht Got anhangen mögen?

ROMANUS. Christus spricht Matth, am vj »wo euer Schatz ist, da ist auch euer Herz«, und »niemant kan zweien Herren dienen, eintweder er wirt den einen haßen und den andern lieben. Ir könt nicht Got dienen und dem Reichtum«, wann »der Samen des Wort Gottes, so under die Dörner der Reichtum felt, wirt durch Sorgfeltigkeit ersteckt, get nie auf, daß er Frücht bring« (Matth. xiij). Darumb get es hart zu, wie Christus spricht Matth. xix, Marci x, Luce xviij »wie schwerlich werden die Reichen ins Reich Gottes kummen! Leichter ist, daß ein Camel durch ein Nadelör ge.«

REICHENBURGER. Es stet Marci x mit den Worten »wie schwer ist, daß die so ir Vertrauen in die Reichtum setzen ins Reich Gottes kummen.« Also waren Abraham, Isaak, Jacob, David, Job und vil Väter reich, setzten aber kein Hofnung darein. Ists nit noch möglich, daß man reich sei und doch das Herz nit auf die Reichtum setz, wie Paulus lert j. Corinth. vij »die da kaufen sollen tun als behielten sies nit, und die sich diser Welt gebrauchen, als brauchten sie ir nit«, wo das Herz also frei ledig von den zeitlichen Gütern gelaßen stet, sein Zuversicht in Got und nit in die Güter setzt, im benügen leßt, nit geiziglich darnach strebt, sunder bereit ist sie zu laßen, wenn Got wil, und sich sein christlichen braucht gen den Armen, wie Luce xvj »macht euch Freund von dem unrechten Mammon, auf daß sie euch, wenn ir darbet, in ir ewige Hütten nemen.«

ROMANUS. Ja das gieng hin solcher maß reich zu sein. Wo aber der Armen vergeßen wirt, sunder zu im zeucht, wie vor gesagt, oder aber die Reichtum verzert mit großem Bracht und Wollust des Leibes, wie der reich Man (Luce xvj), herlich bekleid, aß und trank alltag scheinparlich, ließ den armen Lazarum manglen der Prösemlein, vor der Tür sitzen elend, zu solchen Reichen wirt auch in jener Welt mit dem reichen Man gesagt: Sun, gedenk, du hast Gutes entpfangen in disem Leben, die Armen aber Böses, nun aber werden die Armen getröst und du aber wirst gepeiniget.

REICHENBURGER. Ei man findt, Got sei Lob, vil Reicher, seit das Wort Gottes also klar gepredigt wirt, die Hausarmen und andern miltiglich Handreichung tun, leihen und geben.

ROMANUS. O die Armen werden bei etlichen Reichen saur entpsangen, wie Proverbiorum xviij »der Arm redt mit Bittungen, der Reich aber spricht hertiglich auß.« Nun stet j. Johannis iij »wer diser Welt Güter hat und sicht sein Bruder manglen und schleußt sein Herz vor im zu, wo bleibt die Lieb Gottes in im.« Weiter am iiij »wer sein Bruder nit liebet, den er sicht, wie kan er Got lieben, den er nit sicht?« Darbei spürt man, daß ir nur habt das evangelisch Wort und nicht die Werk. Seit man die Lieb so klein spürt, so seit ir allein ein klingende Schell, wie euch Paulus nent j. Corinthiorum xiij.

REICHENBURGER. Sölt man iedem geben nach seinem Beger, verließ sich mancher darauf und lege auf der Betlerei und arbeitet nit, sie seint nit all noturftig die betlen, darumb ist man in nit allen schuldig zu geben, wann wer nit arbeit, der sol nit eßen, ij. Thessalon. iij.

ROMANUS. Welche also wol arbeiten mögen, tunts aber nit, legen sich auf den faulen Bettel, die solt man strafen, daß nit andere Arme ir entgelten müsten, iedoch seit ir etwas den Armen zu hert[107]. So ein Armer etwann seltzamer Zeit Wein trinkt (dem es villeicht auch not tut), sprecht ir Reichen dann »was sol man Armen geben? sie verfreßens, versaufens alls.« Sollich Außzug[108] und dergleichen sucht allein der verborgen Geiz im Herzen. Seit ir nun im Geringsten nit treu seit, wer wil euch das merer vertrauen? (Luce xvj) Darbei erkent man auch, daß ir Kinder diser Welt und nit Kinder des Liechts seit. Paulus heißt den Geiz ein Abgötterei, Ephes. v, und ist eben recht, wann im dienen nit allein die Reichen an Gütern, sunder allerlei Stend. Secht wie Pauren, Haudwerksleut so eigennützig seint, und zeucht ieder in sein Sack und ist des Neiden, Haßen, Rechten, Fechten kein End bei in, wöllen dannocht all gut evangelisch sein, und ist alles vol Geiz (wie vor geredt) vom Minsten biß zum Meisten, bedarf nit vil Probierens, der täglich Brauch zeigt es augenscheinlich mit den neu Fünden, Liegen, Triegen, Entragen, Verraten, Stelen, Rauben, Mörden, falsch Spilen, sich selbs Henken, Trenken, daß Paulus wol war sagt j. Timothei vj »Geiz ist ein Wurzel alles Nebels.« Wie dunkt euch nun, lieber Junker, ob ir Laien wol gleich Waßer mit uns Geistlichen an einer Stangen trüget des Geiz halben? Welcher under euch ist on Sünd, der werf den ersten Stein auf uns (Johannis viij).

REICHENBURGER. Ich bekenn, daß leider vil eigennütziger karger Reichen under uns seint, wie von euch angezeigt, dargegen aber auch

---

107   hert, hart

108   Auszug, Ausflucht

gute Christen, die Ueberschwal Almusen geben in der Stil, nit wie die Phariseer, daß man vor busaun, sunder, wie Matthei vj, daß die link Hand nit weiß was die recht tut. Darnach meint ir Closterleut, darumb daß man euch nimmer vil geb, schenk, stift, es geb niemant kein Almusen mer und sei den Armen hert; die rechten Armen klagen nicht, allein die faulen Sterzer[109]. Darumb dürft ir die evangelischen Ler nit mit dem Geiz besudlen von etlicher Geizwürm wegen, so mer heidnisch dann christlich leben. Wes das Herz vol ist, get der Mund über, Luce vj, also ist euch auch.

ROMANUS. Ich red wie ich weiß, wann euer der meist Teil, die sich evangelisch rümen, ligen im Geiz biß über die Oren.

REICHENBURGER. Ich bin guter Hofnung, das Wort Gottes werd den Geiz mit sampt bösen Hendeln und offenlichen Lastern zu Boden stoßen mit der Zeit, wann Got spricht durch Esaiam lv »als der Regen und Schne niderstegt vom Himel und kert nit wider dar, sunder begeußt die Erd und macht sie grünen und gibt den Samen den Seenden und das Prot dem Eßenden, also ist mein Wort, das da außget von meinem Mund. Es kert nit wider zu meinem Mund, sunder es wirt glücklich faren in all dem darzu ich es außsende.«

ROMANUS. Ir habt das Wort Gottes (wie irs nent) lang predigt, ich sich aber noch kein Enderung, dann was ir mit uns Geistlichen mutwilt.

REICHENBURGER. Da tut es auch am nötsten, wann euer lügenhaftige Ler und Menschengebot haben zu hart eingewurzelt. Da hat man noch lang außzureuten, und pflanzt almit das lauter Wort Gottes neben auf, Got wirt das Gedeien wol geben, wie j. Corinth. iij, wie auch Christus spricht Marci iiij »wie der geseet Samen on alle Zutuung des Baumans[110] selber aufgt, bringet von ersten Gras, darnach Eher[111], darnach volkummen Frücht des Weizen«, also auch dürf wir nit sorgen, wenn die Frucht volg, wo das Evaugeli recht predigt wirt: sie kumbt von ir selbs.

ROMANUS. So hör ich wol, man muß nur predigen »glaub, glaub, lieb, lieb« und die hellisch Grundsup des Geiz, Ebruch und ander offen-

---

109   Sterzer, Umhertreiber (Landstörzer)

110   Baumann, Bauer

111   Eher, Aehren

lich Laster schweigen, die wider Gottes Gesetz täglich im Schwank gent. Da wirt sich die falsch Vernunft fein außwicklen und ir Sach gerecht glosieren. Got aber spricht durch Hieremiam lj »nicht wöllet schweigen irer Missetat, wann die Zeit irer Rach ist von dem Herrn.« Und durch Ezechielem xxij »du Sun des Menschen, urteilstu dann nit die Stat der Sünden und zeigest ir all ir verfluchte Werk?« So aber solches geschech, glaub ich, euer wenig wurden herfür treten mit Zacheo, Luce xix, und sprechen »sihe Herr, den halben Teil meiner Güter gib ich den Armen, und so ich einen betrogen hab, gib ichs vierfeltig wider«, sunder vil mer wurden euer vil hinder sich treten und sprechen »das ist eine harte Red, wer mag die hören?« Wie die Junger (Johannis vj), wurdt villeicht zu letzt selber mit Feusten darein schlagen, wo euch darunder abgieng oder euer Schand und Laster vor allermeniglich an Tag kem. Wol hört irs gern, weil es über München und Pfaffen get, wie Herodes Hort Johannem auch Christum predigen und gehorcht im in vil Sachen, do er im aber sein eigen Missetat anzeiget der Herodie halb, do must Johannes in Kerker und den Kopf verlieren. Das schmecken auch euer evangelisch Prediger und halten fein hinder dem Berg.

REICHENBURGER. Ei verziecht, es wirt mit der Zeit alls an Tag kummen, wann das Gesetz Gottes muß alweg neben dem Evangeli erklärt und angezeigt werden, dem Menschen sein boshaftig Herz, welchs von Jugend auf zu Bosheit geneigt ist, Genesis am viij, erschrecken und demütig zu machen, alsdann wirt er begirig der Gnad, so im durch Christum im Evangelio fürgetragen und angeboten wirt. Also macht das Gesetz das Herz nicht rechtfertig vor Got, sunder bereit das Herz zu der Rechtfertigung, das durch das Evangelium geschicht. Das verendert das Herz mit einem lebendigen Vertrauen in Christo, wo Got mit würkt, Coloss. ij. Alsdann volgen rechtgeschafne Frücht hernach.

ROMANUS. Der guten Frücht spür ich noch keine under euch, sunder wo es dem Leib wol tut, als nit Beichten, Fasten, Beten, Kirchengen, Opfern, Wallen und mit Fleischeßen, auß den Clöstern laufen und der gleichen ist im Brauch, und über das bleibt ir unverschampt in vorigen heidnischen Lastern, als Geiz, Ebruch, Hurerei, Feindschaft, Aufrur, Zorn, Zank, Neid, Haß, Nachreden, Mord, Untreu,

Spilen, Gotslestern, Zutrinken, Saufen, Tanzen, Hoffart, Stechen, Rennen, Ungehorsam. Auß disen Früchten man euch Heiden und nit Christen urteilet, wann Christus spricht Matthei am vij »bei iren Früchten solt ir sie erkennen.«

REICHENBURGER. Sie seint leider den wenigsten Teil Christen, die sich schon des Evangelion rümen, wann der Spruch bleibt war, Matthei xxij »vil seint berufen, wenig aber außerwölt.« Dise haben nur einen gedichten Won[112], auß Fleisch und Plut erschöpft, und wenden die evangelische Freiheit zur Lust und Raum des Fleisch, darvor Paulus warnet (Galat. v), treten also die edlen Margariten ins Kot wie die Schwein (Matthei vij), bleiben also in iren vorigen heidnischen Lastern ersuffen und verstockt, dem Evangelio zu großer Schmach und Ergernüs. Mit der Zeit wirt aber gegen solchen und andern dergleich gehandelt nach der Ler Pauli j. Corinth. v. Got erbarm sich ir und unser aller, wann wir seint alle Sünder und ist keiner der nicht sündigt, iij. Regum viij.

ROMANUS. So hör ich wol, die rechten Christen leben auch nit on Sünde.

REICHENBURGER. Ja es stet j. Johannis j »so wir sagen, wir haben kein Sünd, so verfiern wir uns selbs und die Warheit ist nit in uns«, wann weil Fleisch und Plut lebet, sucht es alle Zeit das Sein wider den Geist, wie Galat. v »das Fleisch gelüstet wider den Geist und den Geist wider das Fleisch.« Da dienet das Kreuz und Leiden zu, wie j. Petri iiij »wer im Fleisch leidet, der hört auf von Sünden.« Auch leßt Got seine Außwelte fallen zu Zeiten in äußere Laster, als David in Ebruch (ij. Regum xj) und Petrum in die Verlaugnung (Matthei am xxvj), und kumbt inen doch alles zu gut, werden nach getaner Sünd durstig nach Gottes Barmherzigkeit, schreien »Abba, lieber Vater, vergib uns unser Schuld« (Rom. viij, Matthei vj), werden alsdann von Got gnediglich angenummen, wie der verloren Sun (Luce am xv), und fester im Glauben, dann vor. Das Fallen und Aufsten wert für und für, wie Proverbiorum am xxiiij »der Gerecht felt im Tag siben mal«, biß doch endlich im Tod der alt Adam, Fleisch und Plut, gar underget; alsdann kumbt ein volkummen geistlich Leben, des durf wir hier mit nichte warten in dem Leib der Sünden.

---

112 Won, Wahn (Argwohn)

ROMANUS. Ich hab Sorg, lieber Junker, wenig Leut nemen dise Ler der maßen an, wie ir saget. Man spürt ie weder Gotsdienst, noch die Werk der Lieb etc.

REICHENBURGER. Ir saget immer »spüren, spüren«, wißt ir nicht, das Reich Gottes kumbt nicht mit Aufmerken, daß man möcht sprechen »sihe hie oder da«, sunder es ist inwendig im Herzen (Matthei am xvij). Der wäre Gottesdienst get nicht mit eußern Geberden, die waren Anbeter beten Got im Geist und in der Warheit an (Johannis am iiij). So gent die Werk der Lieb gegen den Nechsten ganz einfeltig in der Stil on allen Bracht. Derhalb meinen die Werkheiligen, es diene niemant Got, wie zu der Zeit Helie (iij. Regum am xix), meint auch er dient allein dem waren Got in Israel, waren doch wol siben tausent, die ire Knie nit vor dem Abgot Baal gebogen hetten und Got dienten. Also auch meint ir Geistlosen, es beßer sich der heilsamen evangelischen Ler niemant, seit die außwendigen Sünd noch im Schwank gent, vorauß von den, die sich evangelisch rümen, mit sampt andern Weltkindern. Also muß es aber gen: wie die Philistiner, Cananiter, Zidoniter, Hettiter under Israel wonten (Judicum iij), also muß Gut und Bös under einander wonen, Got aber weiß die Gotseligen auß der Versuchung zu lösen, die Gotlosen aber zum Tag des Gerichts zu peinigen, ij. Petri ij. Also erhelt Got die Seinen in der boshaftigen Welt, wie die drei Kinder im feurigen Ofen (Danielis am iij), wachsen also under den Weltkindern aus, in der Stil, veracht, vervolgt und verschmecht, unachtsam wie die Lilig under den Dörnern (Canticorum ij), der Welt ganz unbekant biß zu der Zeit der Ernt, alsdann werden die Weltkinder mitsampt dem Unkraut ins Feur geworfen und die Kinder Gottes mitsampt dem Weizen in die ewig Scheuren behalten.

ROMANUS. Hört, hört, man leutet Vesper! Wie sein wir in das Gezenk kummen? Mein fürgenummen Sach ist noch unaußgericht.

REICHENBURGER. Ir habt uns zwar gnug bestochen[113]; ich glaub, seit ir uns der Ler nicht schenden kündt, so wölt ir sie schmehen mit unserm sündigen Leben.

ROMANUS. Ei, so tut euch des heidnischen Leben ab (j. Petri am iiij), le-

---

113 helt)

bet nach dem Willen Gottes christlich! Alsdann spricht man: Dise neue Ler ist auß Got, wann das Volk wirt gotselig darvon, wann ein guter Baum kan ie kein böse Frücht bringen. Ein guter Mensch bringt guts herfür auß dem guten Schatz seines Herzen (Luce am vj. Capitel).

REICHENBURGER. Ir seit übersichtig, secht nur in die Höhe auf den großen weltlichen Haufen, der dann (wie vor) alle mal mit lesterlichen Sünden herein fert. Daran werdet ir dann gar starnblind[114], falt wider zu ruck auf euer zierliche Gleisnerei, halt die für heilig. Wo ir aber recht wolt, solt ir in die Schrift schauen, was Got geboten, verboten oder freigelaßen het. Wann ir durch Gnad das ergrift, alsdann wurdt ir der Kutten und aller Aufsetz[115] nicht hoch achten.

ROMANUS. Ich hab noch kein Lust zu euerm Haufen, weil also Rutzigs und Reudigs durcheinander get. Wenn aber ein Hirt und ein Schafstal wurd, alsdann wölt ich mein Kutten an Zaun henken und zum Haufen treten. Es hat auch sunst noch ein Grif, ist der fel[116], ist es noch hohe Zeit.

REICHENBURGER. Ir seit des Volks, da Got von sagt (Esaie am lxv) »den ganzen Tag hab ich mein Hend außgereckt zum Volk, das im nicht sagen leßt und widerspricht mir.« Darumb schaut, daß euer Flucht nit zu spat im Winter oder Sabath geschehe (Matthei am xxiiij).

ROMANUS. Ein ander Mal mer, ich scheid mit Wißen, lieber Junker Reichenburger, Got sei mit euch!

REICHENBURGER. Amen.

Psalmo. j.

Selig ist der Man der sich Tag und Nacht übet im Gesetz des Herrn.
Er wirt sein wie ein Holz, gepflanzt zu den Flüßen der Waßer,
das da gibt sein Frücht zu seiner Zeit.

---

114   starnblind, starblind (daher: den Star stechen)
115   Aufsetz, Satzungen
116   Noch ein Grif, ist der fel, es gibt noch andere Mittel, wenn dies fehlgeschlagen ist.

Ain Gesprech aines Evangelischen Christen / mit ainem Lutherischen darinn der Ergerlich wandel etlicher / die sich Lutherisch nenne angezaigt / vnd brüderlich gestrafft wirdt. M.D.xxiiij.
Hans Sachs Schuchmacher.

Secunda Corinth. vj.
Last uns nyemant yrgent ain ergernuß geben / auff das unnser ampt nicht gelestert werd / sonnder in allen dingen laßt uns beweysen / wis die diener Gottes.

HANS. Grüß dich Got, lieber Bruder in Christo!
PETER. Got dank dir, lieber Bruder Hans! Wann gestu? Das ist mir ein seltzamer Gast in meinem Haus.
HANS. Wolauf gen Predig! Man hat das Erst geleut, und gib mir almit mein Büchlein wider von der christlichen Freiheit! Hastus aber deinem Schweer, dem alten Romanisten, gelesen?
PETER. O nein!
HANS. Wie so? Hat er sich noch nit bekeret?
PETER. Ei ich hab in, iezt am Freitag acht Tag, gar auß der Wiegen geworfen.
HANS. Warmit?
PETER. Ei da kam er unversehens zu mir, da aßen wir eben an einem kelbern Praten. O wie hub der Man an zu fluchen und schelten, sam hetten wir einen ermört, wie dann alle Romanisten tunt. Seit her hat er kein Wort zu mir geredt, ist nie in mein Haus kommen.
HANS. Ei, ei, du hast Unrecht daran tan, so du weist, daß dein Schweer evangelischer Freiheit noch unbericht ist.
PETER. Wie ist dann Fleisch eßen Sünd? Ich mein du heuchelst. Ruft nit Christus das Volk zu im, Matth. xv, und sprach »höret zu und vernempts: was zum Mund einget, das verunreinigt den Menschen nit«, und Luce x »wo ir in ein Stat kommet, da eßet, was euch fürgetragen Wirt«, und Joan. viij »so euch der Sun frei machet, so seit ir recht frei«, und Paul. ij. Corinth. iij »wo der Geist des Herren ist, da ist Freiheit«, und Roma. xiiij »ich weiß und bins gewis in dem Herren Jesu, daß an im selbs kein Speis unrein ist, on dem der es für unrein rechnet, dem ists unrein.« Und zu Tito. j »dem Reinen ist alles rein, dem Unreinen aber und Unglaubigen ist alles unrein, wann unrein ist beide ir Sin und Gewißen«, und wider Roman. xiiij »selig ist der, der im kein Gewißen macht über dem, das er annimpt.« Lieber, was sagstu zu disen Sprüchen?
HANS. Du hast war: Fleisch eßen ist an im selber kein Sünd, seit es von Got frei und unverpoten ist. Paulus aber spricht j. Corint. x »ich hab zwar alles macht, es ist aber nit alles nützlich; ich hab es alles macht, es peßert aber nit alles. Niemant such das sein ist, sonder ein ietlicher was eines andern ist.« Und j. Corint. viij »sehet zu, daß euer Freiheit nit werd zu einem Anstoß der Schwachen.« Und

zun Römern xiiij »den Schwachen im Glauben nempt auf und verwirret die Gewißen nicht. Einer glaub er mög allerlei eßen, welcher aber schwach ist, der ißet nur Kraut«, und weiter in dem Capitel »es ist vil peßer, du eßest kein Fleisch und drinkest kein Wein, aber das, daran sich dein Bruder stößet, ergert oder schwach wirt. Hastu den Glauben, so hab in bei dir selb vor Got.«

PETER. Es stet auch hinwider j. Cor. x »warumb solt ich mein Freiheit laßen urteilen von einer andern Gewißen? Dann so ichs mit Danksagung nieß, was sölt ich dann verlestert werden ob dem darumb ich dank?«

HANS. Paulus spricht im Text hernach »seit unanstößig beiden, Kriechen und den Juden und der Gemein Gottes, gleich wie auch ich mich iederman in allerlei gesellig mach, und such nit was mir, sonder was vilen zudreglich ist, daß sie selig werden.«

PETER. Ich ker mich nichts daran. Es stet Galatas v »so bestet nun in der Freiheit, darmit uns Christus gefreiet hat, und lat euch nicht widerumb in das knechtisch Joch verknüpfen« und Collosenn. ij »lat euch niemant Gewißen machen über Speis und Trank und über etlich Tag.« Und weiter »seit ir dann nun gestorben seit mit Christo von den menschlichen Satzungen, was lat ir euch dann fangen mit Satzungen, als wert ir lebendig, die da sagen: du solt das nicht anrüeren, du solt das nicht eßen noch trinken, du solt das nicht anlegen!« Und noch klerer j. Corint. x »alles das auf dem Fleischmark feil ist, das eßet und forschet nicht zu verschonen der Gewißen.«

HANS. Lieber, es folgt weiter im Text j. Corinth. x »wo aber iemant würd zu euch sagen: diß ist Götzenopfer« (wie dann auch unser Fleischmeiden Götzenopfer ist, welches wir auß Menschen Gepot und nicht auß Gottes Gepot meiden), spricht Paulus »so eßet nicht und verschonet der Gewißen des der es anzeucht.« Und Roma. xiiij »so aber dein Bruder über deiner Speis betrübt wirt, so wandelst du schon nit nach der Lieb. Lieber, verderb den nicht mit deiner Speis, umb welches willen Christus gestorben ist.« Und j. Cor. viij »und wirt also ob deiner Erkentnus der schwach Bruder umbkommen, umb welches willen Christus gestorben ist. Wenn ir aber also sündigt an den Brüdern, und schlacht ir schwachs Gewißen, so sündigt ir an Christo. Darumb wenn die Speis mein Bruder ergert, wölt ich nit Fleisch eßen ewiglich.« Wie gefallen dir dise Spruch von Sant Paul?

PETER. Was ist unser Freiheit nütz, wenn wir ir nit prauchen dürfen?

HANS. Die ist uns so vil nütz, daß wir wißen, daß uns alle Speis unschedlich ist. Aber umb der Schwachen willen söln wirs meiden, wie Rom. xv »wir aber, die wir stark sein, söllen tragen der Schwachen Geprechlichkeit, und nicht ein Gefallen an uns selber haben«, wann es stet j. Cor. x »wer sich leßt dunken, er ste, der schau, daß er nit fall.« Es seint euer (hab ich Sorg) vil, die Fleisch eßen am Freitag auß Frevel, Fürwitz oder Wollust, und seint doch ungegründt in irem Glauben, und werden auf die Letzt wanken in irem Gewißen. Nun spricht Paulus Rom. xiiij »wer aber darüber wanken wirt, so er gehen hat, der ist verdampt, dann es get nit auß dem Glauben. Was aber nit auß dem Glauben get, das ist Sünd.«

PETER. Ach, lieber Bruder Hans, wie lang söln wir dannoch in der babilonischen Gefeknus ligen an der römischen Ketten, und unser christlichen Freiheit mit dem Fleisch und allen Stucken nit frei geprauchen?

HANS. Lieber Bruder Peter, hab Geduld! Paulus ij. Thessa. ij spricht »der Herr wirt in erwürgen mit dem Geist seines Munds, und wirt sein ein End machen.« Darumb, lieber Bruder, laß dir mit sampt mir und uns allen benügen, daß unser Gewißen frei und unverpunden ist zu sölichen menschlichen Aufsatzungen, der Selen Heil betreffend, und laßt uns fort sölche und dergleichen Pürd eußerlich mit unsern Mitbrüdern williglich tragen, wie andere Statut und bürgerlich Sitten, wie Gala, v »einer trag des andern Last, so werdt ir das Gesatz Christi erfüllen.«

PETER. Ich hör wol, ich muß den Weibern und Mennern zu lieb wider Underscheid der Speis machen, die doch von Christo verworfen seint. Matth, xv »ein iezliche Pflanz, die Got mein himlischer Vater nit gepflanzt hat, wirt außgereut.«

HANS. Hör Paulum zun Römern am xiiij »das Reich Gottes ist nit Eßen noch Trinken, sonder Gerechtigkeit, Frid und Freud im heiligen Geist«, und j. Corinth. viij »eßen wir, so werden wir nit beßer; eßen wir nicht, so werden wir nit weniger.« Nun so wir aber Fleisch meiden zu verschonen unsers nechsten unwißenden Bruders Gewißen, alsdann get sölches Meiden auß Glaub und Lieb, und ist Got gesellig, welches Got vor ein Greuel war.«

PETER. So hör ich wol, ich muß wider ein gleisnerisch Romanist werden und alle Ordnung und Kramanz[117] mit in halten.

HANS. Also was du on Ergernus deines Nächsten kanst underlaßen, magstu wol tun. Es ist allein von Ergernus willen des Nächsten zu tun, derhalb tu wie Paulus j. Cor. ix »wiewol ich frei bin von ieder man, hab ich doch mich selbs zum Knecht gemacht, auf daß ich ir vil gewinn; den Juden bin ich worden als ein Jud, den Heiden als ein Heid, den Schwachen als ein Schwacher, und bin iederman allerlei worden.« Und ij. Corinth. xij »wer ist schwach, und ich werd nit schwach, und wer wirt geergert, und ich prenne nicht?« Also laß uns auch tun nach dem Gepot Christi, Joannis xiij »ein neu Gepot gib ich euch, daß ir euch under einander liebet, wie ich euch geliebt hab. Darbei wirt iederman erkennen, daß ir meine Jungere seint.« Hörstu, die Lieb ist die recht Prob eines Christen, und nicht das Fleischeßen, wenn das können Hund und Katzen auch wol.

PETER. Lieber, es hilft nichts an in, so wir ir gleich lang verschonen, sie werden nur erger und verstockter, darumb gilt es gleich, man eß oder laß.

HANS. Lieber Bruder, wiltu ir nit verschonen, so schon doch das Evangeli und Wort Gottes, welches durch euer Fleischeßen verlestert und Ketzerei gescholten wirt, wann das Fleischeßen ist dem gemein Man schier der allergröst Anstoß und Ergernus an der evangelischen Ler. Got erleucht ire Blindheit mit seinem gütlichen Wort! Es ist an in erfült der Spruch Pauli ij. Thessalo. ij »darumb da sie die Lieb der Warheit nit haben aufgenommen, daß sie selig würden, darumb wirt in Got kreftig Irtumb senden, daß sie glauben der Lügen, auf daß gericht werden alle, die der Warheit nit glaubt haben.«

PETER. Es ist leider war, ich han wol Nachpaurn, so einer ein Bißen Fleisch an einem Freitag sölt eßen, er nem im größer Gewißen darumb, dann so er einen umb Er und Gut belüg oder bedrög.

HANS. Ach lieber Bruder, so tu so wol und meid Fleischeßen, oder tu es ie gar heimlich, daß niemant geergert werd.

---

117 Kramanz, Possen (Zeremonien)

PETER. Wolan, ich wils tun. Ich han es soweit nit besunnen, daß in den Weg Schad darauß folgen sölt.
HANS. Wolan, wolauf! Ich mein, man leut das Dritt an die Predig.
PETER. Es ist erst das Ander. Lieber, mein Schweer kumpt, red in an des Evangeli halben!
MEISTER ULRICH. Got grüß euch, ir lutherischen Leut!
HANS. Habt Dank! Ir kumpt eben recht. Lieber Meister Ulrich, get mit uns an unser Predig!
MEISTER ULRICH. Ich wölt e, daß euer Prediger hieng: er ist ein Ketzer.
HANS. Ei lieber Meister Ulrich, wie so?
MEISTER ULRICH. Da sagt mein Eiden da, wenn er kumpt: Unser Prediger sagt, man dürf nimmer beten, den Heiligen dienen, Fasten, Beichten, Wallen, Meß hören, Vigilg, Selmessen, Jartag stiften, Aplaß lösen, und sei kein gut Werk zur Seligkeit nütz, und noch gröber Possen, darnach sich dann mein Eiden mit sein Gesellen helt. Er weiß wol was ich iezunt mein.
HANS. Ei Peter, Peter! Du tust auch Unrecht daran, du und dein Gesellen fart mit sölchen Stucken herauß: das und das sagt unser Prediger, und sagt doch nit Ursach dabei, wie es euch der Prediger hat gesagt, und stürzet die einfeltigen Leut von der Ler, die verfluchen darnach die christlichen Prediger und fliehen darnach sölliche ire Predig, daran sie den Grund möchten hören, und verlestern das heilig Wort Gottes, unwißend und sprechend: ist das die neue Ler, so wil ich in meinem alten Glauben pleiben. Wer ist schüldig daran? Allein ir ungehobleten Knebel. Du aber deins gleichen wert wir hold oder feind, gilt mir gleich: es ist ie Not zu sagen. Wann ir aber Christen wert, so handlet ir christlich und saget den Unwißenden die tröstlichen Wort von Christo, die ir von dem Prediger gehört het, nemlich daß der Tod Christi sei das einig Werk unser Erlösung, und wie der himlisch Vater Christo allen Gewalt hab geben im Himel und auf Erden. Denn Christum allein söln wir hören, was er heißt söln wir tun, was er verbeut söln wir laßen, was er frei leßt hab niemant zu verpieten, weder im Himel noch auf Erden, bei der Selen Heil. Und wenn ir sölches den Leuten vorsagt, das möcht die Herzen der Unwißenden erweichen, daß sie darnach auch an sölche Predig kemen, und hörten selbs den Grund, dardurch sie ke-

men zu warer Erkantnus der Warheit Gottes. So fiel dann das ander Menschengesetz und Gaukelwerk selber zu Poden.

MEISTER ULRICH. Darvon hielt ich auch mer, wenn man von guten Dingen sagt, ich hörs aber von den Lutherischen nit vil. Es kumpt ie ein ganzer Tisch vol Lutherischer herein zu meinem Eiden, und hört doch warlich einer kein gut christlich Wort von in. Da heben sie an Münch und Pfaffen außzurichten, es neme ein Hund nit ein Stuck Brot von in, und welcher baß mag, der ist Meister under in. Darumb lust[118] mich ir lutherische Weise gar nit.

HANS. Peter, Peter, das ist wider die Lieb des Nächsten. Matth, vij »alles, das ir wölt, daß euch die Leut tunt, das tunt auch in hinwiderumb.« Nun wölstu ie nicht, daß man dich also außblesniert[119], wann sie seint so blind, armselig und verstockt, daß man billicher Mitleiden mit in het und Got für sie bät, daß man in ir Schand, Laster und Ungerechtigkeit also außschreit und Tischmerlin[120] darvon saget.

PETER. Ei dürfen sies dann tun, so müßen sies von in sagen laßen; es ist ie die Warheit.

HANS. Ob es recht sei, hör Paulum zun Römern ij »o Mensch, du kanst dich nit entschuldigen, wer du bist, der da richtest, dann warin du ein andern richtest, verdampft du dich selbst, seitemal du eben das selb tust.« Verste mit dem Herzen, darin du ein andern richtest.

PETER. Lieber, sie han uns lang am Narrenseil umbher gefürt, wir wöllen sie widerumb mit sölcher Maß bezalen, wie Apocalip. xviij »bezalt sie wider, wie sie euch hat bezal, und machts ir zwifeltig nach iren Werken.«

HANS. Es stet aber Matthei v »liebet euer Feind, benedeiet die euch maledeien, tunt wol denen die euch haßen, bittet für die euch beleidigen und vervolgen.« Und j. Petri ij »endlich aber seit besinnet, mitleidig, brüderlich, herzlich, freundlich. Vergeltet nit Böses mit Bösem, nit Scheltwort mit Scheltwort, dargegen benedeiet etc.«

PETER. Söln wir dann lachen darzu, so meinten sie uns were wol darmit. Ich sich wol, es kumpt ein neues Geschrei über das ander, wie

---

118   lust, gelüstet

119   ausblesnieren, das Wappen deuten, hier in schlechter Bedeutung (blasonner)

120   Tischmerlin, Tischmärchen

man die Christen von des Evangeli wegen stürmet, sächt, verprennet, verdreibt, die Land verpeut in dem babilonischen Reich.

HANS. Lieber Bruder, das ist uns alles vor verkündt durch Christum, wie es gen wirt. Lise Matthei x, Marci am xij, Luce am xxj und Joannis am xv: da findstu alle die Vervolgung, so dann iezunt anfächt über die Christen zu gen.

PETER. Es were aber schier beßer, wir schlügen mit Feusten darein, nach Laut des Spruchs Apocal. xviij »mit welchem Kelch sie euch eingeschenkt hat (verste die babilonisch Hur), schenkt ir zwifeltig ein, und wie vil sie sich herlich gemacht und geil gewesen ist, so vil schenkt ir Qual und Leiden ein.«

HANS. O nein, es stet Deute. xxxij »die Rach ist mein, spricht der Herr.« Und Apoc. xiij »wer ins Gefenknus fürt, der wirt ins Gefenknus gen, und wer mit dem Schwert tötet, der muß mit dem Schwert tötet werden.« Und Matth. xxvj »wer mit dem Schwert ficht, der wirt am Schwert verderben.« Also wirt sie der Herr wol finden, wie ij. Petri ij »in irem Würgen werden sie erwürgt werden.« Darumb sei du zu frid und pleib in deiner christlichen Geduld. Luce vj »wer dich auf ein Backen schlecht, dem piet den andern auch dar, und wer dir den Mantel nimpt, dem wer auch nit, daß er dir den Rock neme.«

PETER. Wie, söln wir dann irer verfürischen Driegerei Recht geben?

HANS. Nein! Wo ir in under Augen seit und sie die evangelischen Warheit verlestern, da schweigt nit, sonder widerlegt in ire Menschengeschwetz mit dem Wort Gottes, und handelt nichts wider sie mit Rumor oder Geschrei, wann das ist ungerecht und dem gemeinen Man ganz ergerlich.

PETER. Ei hat doch Christus auch selbs von disen verfürischen Wolfen verkündigt, und auch in irem Abwesen, nemlich Matth. vij und xxiiij, und Marci am xiij, Luce am xxj. Da hat Sant Paul von in geschriben j. Corint. xv und ij. Cor. xj, Gala. v, Ephe. iiij, Philipp. iij, Colo. ij, ij. Thessa. ij und j. Timothe. iiij und ij. Timo. ij, und der gleich Sant Peter j. Petri. v und ij. Petri. ij und auch j. Joannis iiij und ij. Joan. j.

HANS. Merk, das ist darumb, wie stet Rom. xv »was uns fürgeschriben ist, das ist uns zur Ler geschriben, auf daß wir durch Geduld und

Trost der Geschrift Hofnung haben.« Also seint wir durch die heilig Geschrift gewarnet vor in und irer Verfürung, auf daß wir unser Gewißen in nit underwerfen söllen, sonder einig und allein dem unwandelbaren Wort Gottes.

PETER. Warumb schreien dann unser Prediger der Geistlichen falsche verfürische Ler, Gotsdienst, Gepot und Leben also auf der Canzel auß? Desgleichen Doctor Martin mit vil sein Nachvolgern schreiben vorgemelte Stuck so überflüßig under die christliche Gemein. Ist es in recht, so ist es uns auch recht.

HANS. Ja sölches Predigen und Schreien geschicht auß verpflichter christlicher Lieb, dem gemeinen unwißenden verfürten Volk zu gut, auf daß sie ire Gewißen losmachten von den gemelten Verfürern. Zu dem andern den Berfürern zu gut, ob Got durch sein kreftig Wort ein Teil niderschlüg, wie Paulum vor Damasco, Actuum ix, und auß Wolfen des Teufels Schäflein Christi machet. Wo aber söllich Predigen oder Schreiben auß bösem Gemüt und nicht auß christlicher Liebe get, so ist es Unrecht und Sünd, wie nütz und not das Werk an im selber ist, nach Laut des Spruchs j. Cor. xiij »wenn ich all mein Hab den Armen gebe, und ließ mein Leip prennen, und het der Lieb nicht, so were es mir nichts nütz.« Hie bei ist wol zu besorgen, wo ir hinder dem Wein sitzt und schendet Münch und Pfaffen, daß es nit auß christlicher Liebe, sonder auß Uebermut, Neid, Haß oder auß böser Gewonheit kumm, welches Nachreden in der Schrift verpoten ist, nemlich Ephesio. iiij »laßt kein faul Geschwetz auß euerm Mund gen, sonder was nütz ist zur Beßerung, da es not tut«, und weiter »alle Bitterkeit und Grim und Zorn und Geschrei und Lesterung sei ferr von euch.« Und Tito iij »erinner sie, daß sie niemant lestern, nicht hadern, gelind sein, alle Senftmütigkeit beweisen gegen allen Menschen.« Und Pet. ij »so legt nun ab alle Bosheit und alle List und Heuchlerei und Haß und alles Afterreden.«

PETER. Die keren sich dennocht nicht daran, man singt in süß oder bitter; die seint verstockt wie die Phariseer.

HANS. Ei so laß sie gen wie die Heiden, Matth. xviij, wann so ir sie lang schendet, in fluchet, ist es niemant nütz, und ander Leut, die bei euch sitzen und hören, die ergern sich daran, sprechen »die Lutherischen können nichts, dann die Geistlichen schmähen, und wöllen sie hauen und stechen. Wie kan dann etwas Guts hinder in und irer Ler stecken? Es ist Teufels Ler mit in«, und fliehen auch fürbaß die evangelisch Ler und pleiben in irem alten Irtumb. Das ist die Frucht euers Nachredens. Darumb wiltu ein warhafter Christen sein, so meid es und verschon ander Leut daran. Zu dem so wölt ir all, die ir euch lutherisch nennet, an dem frummen Man, dem Luther, einen Deckmantel euer Unschicklichkeit suchen, und euch seiner Ler nit gemeß halten; dann ob wol Luther die christlichen Freiheit zu Erledigung der armen gefangen Gewißen angezeigt, hat er doch daneben durch seine Schriften und Predig meniglich gewarnt, wie er dann noch für und für tut, sich vor drieglichen, ergerlichen, unchristlichen Handlungen zu hüten und nit also dem Evangelio und Wort Gottes zum Nachteil mit der Tat zu schwürmen und gleich den Unbesinten[121] zu rasen. Darumb ir euch in disen euern ungeschickten Handlungen des christlichen Mans Doctor Luthers, der es so gut christlich und getreulich meint, zu einem Schanddeckel[122] nit billich gepraucht. Dann was christenlichen erbarn Gemüts, was gegrünten Glaubens und Vertrauens mögen sich doch die behelfen, die mit außwendigen Geperden, als die Geistlichen an irem Leip, Er und Gut zuverfolgen, dem Nächsten mit Fleischeßen und andern ergerlich zu sein, ansahen Christen zu sein! Und da zeigen dise Frucht an, daß der Baum gewislich bös und faul ist, Matthei vij.

MEISTER ULRICH. Ja Meister Hans, wann ir etwan da werent, wann die Lutherischen bei einander seint, und bringen einen under sich, der nit lutherisch ist, da hörent ir wie sie der Leut verschonen, ja hinder sich, da halten sie Fasnacht mit im und legen sich alle über in, der muß ir Romanist, Papist, Gleisner und Werkheilig sein, und reden im so spötlich und hönisch zu, daß er under inen sitzt wie ein Pfeifer, der den Danz verderbt hat, und weiß nit in welche Ecken er sehen sol.

HANS. O ir groben Rülzen[123], euer Herz sölt sich freuen (wo ir anders recht Christen wert), wo ir unwißende Leut überkembt, daß ir in

---

121   unbesint, unsinnig
122   Schandfleck, steht im Original was nur Druckfehler sein kann
123   Rülz, Rülps (Rüpel)

das Wort Gottes (das Pfund, das euch geben ist, Matth. xxv) brüderlich mitteilet: so fart ir zu und verspot sie.

PETER. Lieber, sie verstent so gar nichts in der Schrift und stellen sich ungeschickt darzu, wie ein Hund in ein Karren: so muß man in dann darzu helfen.

HANS. Ach nein, umb Christus willen! Verschonet der unwißenden und schwachen Gewißen, wann sie haben des Worts Gottes nit gewont, ir Kuchenprediger[124] haben sie nit darauf gewisen, sonder darvon auf ire erdichte Menschenwerk. Auch seint unnütz und Spotwort in der Schrift verpoten. Ephe. v »schampere Wort und Narrendeding und Scherz und was sich nit zur Sach reimt, entschla dich«, und ij. Timo. ij »das ungeistlich lose Geschwetz entschlahe dich, dann es fodert vil zu einem gotlosen Wesen«, sonder, wie Paulus Colo. iij »laßt das Wort Gottes reichlich in euch wonen in aller Weisheit, und leret under einander selbs.«

PETER. Lieber, es sein vil alter grauer Menner, die rümen sich auch, sie wißen das Evangeli, aber sie legens nach irem Kopf auß, und wenn mans im Grund fragt, so versten sie eben als vil im Evangeli als ein Kuwe im Bretspil. Sol man ir nit spotten darzu und sie strafen?

HANS. Hör Paulum j. Timo. v »den Eltesten schelt nicht, sonder erman in als ein Vater, die Jungen als die Brüder, die alten Weiber als die Mütter, die jungen als die Schwester.« Merk, hie hastu die Weise, wie es als lieplich und holdselig muß underwisen sein.

PETER. Es seint aber etlich Geistpolster[125] darunder, die laufen alle Kirchen auß und wöllen Got den Himmel mit iren Werken abkaufen, und wenn man in von dem rechten Gotsdienst sagt, so lecken sie hinden und forn auf, und kan niemant mit inen naher kommen.

HANS. Ei du must in iren Irtumb freundlich anzeigen, wie Gal. vj »lieben Brüder, so ein Mensch in einem Laster begriffen wirt, so straft in mit senftmütigem Geist, ir, die ir geistlich seit.«

PETER. Ja sie nemens nit an und sprechen, wir söln uns selber bei der Nasen nemen.

---

124 Kuchenprediger, Küchenprediger, Geistliche, denen die Küche mehr am Herzen liegt als die Seelsorge

125 Geistpolster, aufgeblasene Geistliche

HANS. Da kumpt herauß, von dem ich stets sage: sie ergern sich an euerm rohen Leben.
PETER. Süllen wir dann ein gleisnerisch Leben füren, wie die Münch?
HANS. Nein, sonder ein Leben wie die Christen, wie Paulus Rom. xiij »laßt uns erbarlich wandeln, als am Liecht, nit in Freßen und Saufen, nicht in Kamern und Geilheit, nicht in Hadern und Eifern.« Und Ephe. iiij »ich erman euch, lieben Brüder, daß ir wandelt wie sichs gepürt euerm Beruf, darin ir berüfen seit, mit aller Demut, Senftmut und Langmut, und vertrag einer dem andern in der Lieb.« Und Paulus beschreibt die Ursach Phil. ij »tut alles on Murmulung und on Verwirrung, auf daß ir seit on Dadel und lauter und Kinder Gottes, unsträflich mitten under dem unschlachtigen und verkerten Volk.«
PETER. Sie verachten aber die Geschrift und wöllen ir alte Gewonheit halten. Sagt man in schwarz, so sagen sie weiß, sprechen, ob die Geschrift in der Bibel alle war sei, und wann man in mit höchstem Fleiß christliche Ler vorsagt, sprechen sie alsbald »hastu mein Gens nit gesehen?« Wer kan in dann schweigen darzu?
HANS. Paulus schreibt ij. Timot. ij »ein Knecht des Herrn sol nit zenkisch sein, sonder veterlich gen iederman, lernhaftig, der die Bösen tragen kan, der mit Senftmut straft die Widerspenstigen, ob in Got dermaleins Buß gebe, die Warheit zu erkennen.« Und j. Petri ij »daß ist der Will Gottes, daß ir mit Woltun verstopft die Unwißenheit der Menschen, als die Freien, und nicht als het ir die Freiheit zu einem Deckel der Sünden.«
PETER. Lieber, sie machens zu grob, sie geben böse Wort auß und werfen mit Ketzerköpfen under uns, und so wir nit hinwider bißen, so schrieen sie: fro, hie gewunnen, hie gewunnen! Darumb ist not, daß man in den Kolben auf den Schild leg.
HANS. Oho, wiltu Christum bekennen und leren und magst nit böse Wort leiden, wie wölstu dann Streich oder den Tod leiden? Merk Paulum Rom. xij »Benedeiet die euch vervolgen, benedeiet und maledeiet nicht, vergeltet nit Böses mit Bösem, rechet euch selber nit.« Hie hörstu, daß man auß christlicher Lieb in aller Senftmut on alle Gallen handeln muß, sol es Frucht bringen, und nicht also grob mit den Leuten faren. Es ist auch ein merklich Stuck, darmit

man die Leut abwendet von der evangelischen Ler, der etwan sunst vil herzu kemen und die Ler annemen, aber den Weg gebirt es nur Feindschaft zu dem Wort Gottes, dergleichen zu den, die im anhangen, heißen sie Ketzer und das Wort Gottes Ketzerei. Da seit ir allein schuldig an mit euerm Fleischeßen, Rumorn, Droen, Schenden und Lestern der Geistlichen und dem Puchen und Hadern und Verachten der Einseitigen, daß ir vil über euch außspeien, wo sie euch sehen, dergleichen über ander frumme Christen, die nit wie ir, sonder dem Evangeli Christi nachvolgen und einen christlichen Wandel füren, wie sichs gebürt.

PETER. Lieber, ist man uns feind, das wißen wir vorhin wol und kennen sie auch wol, wir sein in auch nit gar hold, und wenn sichs begeb in einem Abreiten[126], wir wölten gar schon reißen an einander.

HANS. Awe, ist es umb die Zeit, so merk ich wol, es ist nur vil Geschreis und wenig Wöllen umb euch: hat ir die Lieb des Nechsten nit, von nöten kent man euch nit für Junger Christi.

PETER. Wie so?

HANS. Es stet j. Joan. iij »wer nit lieb hat seinen Bruder, der pleibt im Tod, und wer seinen Bruder haßet, der ist ein Totschleger.« Und Joan. iiij »so iemant spricht, er lieb Got, und haßet seinen Bruder, der ist ein Lügner, denn wer seinen Bruder nit liebet, den er sicht, wie kan er Got lieben, den er nicht sicht.« Darumb fürcht ich, lieber Bruder Peter, so du mit deiner Rott Feindschafft dregst, ir haben den warhaftigen Christenglauben nicht, den Got würkt, Colos. ij, sonder ir haben nur ein menschlichen gedichten Glauben auß Fleisch und Blut. Deshalb auch all euer Gedanken, Wort und Werk seint Fleisch und Blut, und seint euch selber schedlich und unnütz, und ander Leuten ergerlich, wann fleischlich gesinnet sein ist ein Feindschaft wider Got, spricht Paul. Rom. viij. Die aber der Geist Gottes dreibet, das seint die rechten Kinder Gottes, Rom. viij.

PETER. Wie erkent man sie aber?

HANS. Allein an der Lieb, wie Christus sagt Joan. am xiij »in dem wirt man erkennen, daß ir meine Jungere seint, so ir einander lieb habt« und j. Joan. iiij »ir Lieben, laßt uns under einander lieb haben, dann

---

126 ein Abreiten, ein Abwaschen

die Lieb ist von Got, und wer Lieb hat, der ist von Got geporn und kennet Got, wer nit Lieb hat, der kennet Got nicht, wann Got ist die Lieb, und wer in der Lieb bleibt, der pleibt in Got und Got in im.« Derhalben mag ich wol zu euch sagen, wie Christus zun Juden Joan. viij »wenn ir Abraams Kinder weret, so täten ir die Werk Abrae.« Also auch ir: wenn ir evangelisch werent (wie ir rümet), so täten ir die Werk des Evangeli, wann das Evangelion ist ein wunsam frölich und lieplich Botschaft von Christo. Darum wann ir auß dem Evangeli geporn wert, so verkündet ir das Evangeli euern Mitbrüdern in Christo holdselig und mit aller Ersamkeit, und füret ein gotseligen Wandel, wie die Aposteln, die so freundlich gegen den Leuten handleten, wie man in iren Geschichten durch alle Capitel liset. Darumb, lieber Bruder Peter, merk nur eben mein Red umb Gottes willen, und sag es deinen Mitbrüdern von mir, wiewol sie mich ein Heuchler und Abtrinnigen heißen und halten werden. Da ligt mir nit ein Har breit an, ich han ie die Warheit gesagt, welche dann allmal vervolgt muß werden von den Gotlosen. Und wölt Got, daß es alle die gehört hetten, die sich gut lutherisch nennen, villeicht möcht in ir Rum geligen und erst ein Teil leren recht evangelisch Christen zu werden.

MEISTER ULRICH. Peter, wie dunkt dich? Wenn Meister Hans über dich keme, der könt dich recht aufnesteln[127]. Es ist ie einmal war: wenn ir Lutherischen sölchen züchtigen und unergerlichen Wandel füret, so het euer Ler ein beßers Ansehen vor allen Menschen; die euch iezunt Ketzer nennen würden euch Christen heißen, die euch iezt fluchen würden euch loben, die euch iezt übel reden würden euch wolsprechen, die euch iezunt fliehen würden euch heimsuchen, und die euch iezunt verachten würden von euch lernen. Aber mit dem Fleischeßen, Rumorn, Pfaffenschenden, Hadern, Verspotten, Verachten und allem unzüchtigen Wandel habent ir Lutherischen der evangelischen Ler selber eine große Verachtung gemacht.

HANS. Es ligt leider am Tag. Got verleich uns allen seinen Geist zu leben nach seinem götlichen Willen! Man leut das Dritt: Wolauf gen Predig!

---

127 aufnesteln, aufbinden der Schnüre an Kleidungsstücken, hier im Sinne von: der könnte dich aufknöpfen, dich aufklären und ähnliche Redensarten

MEISTER ULRICH. Wolan! Ir han mich gleich lustig gemacht, ich wil auch mit euch an euer Predig, ob ich ein guter Christ möcht werden.
HANS. Das geb Got!
MEISTER ULRICH. Amen.

Philippen, ij.

Lieben Brüder, ist nun under euch irgent ein Ermanung in Christo, ist irgent ein Trost der Lieb, ist irgent ein Gemeinschaft des Geists, ist irgent ein herzlich Lieb und Barmherzigkeit, so erfüllet mein Freud, daß ir eines Muts und Sins seit, gleiche Liebe habt, nichts tut durch Zank oder eitel Er, sonder durch Demut. Achtet euch under einander selbs, einer des andern Obrister, und ein iezlicher sehe nit auf das sein, sonder auf das des andern ist.

Die Gemarthert Theologia.
Mer das Klagent Ewangelium.
Hans Sachs

Die Gemarthert Theologia

Als ich eins Nachts nachson,
Wie Deutsche Nation
Jetzunder so voll steckt
Irrthumb, Rotten und Sect,
Das ich mich deß entsetzt,
Entschlieff darinn zu letzt,
Kam Genius zu mir,
Sprach: Wolauff, ich zeig dir
Deinr Anfechtung Exempel.
Er führt mich in ein Tempel
Von sehr altem Gebeu,
Darin sah ich doch neu
Ein auffgerichten Thron
In Mitt des Tempels stohn,
Auff dem da saß ein Weib
Einfeltig, schlecht von Leib,
In schneeweißem Gewand,
Die hett in ihrer Hand
Ein offen großes Buch,
Das gab himlischen Ruch.
Ringweiß umb diesen Thron
Saßen wenig Person,
So diesem Weib anhiengen.
Den süßen Ruch empfingen.
Nach dem in Tempel traten
Vil geistlicher Prelaten,
Die all selb Bücher trugen;
Vor diesem Thron sich bugen,
Hofierten als die Buler
Samb werens all ihr Schuler,
Aus ihrem Buch gelert

Und würd von ihn geehrt,
Fand sich doch anderst viel,
Sie tribens Widerspiel.
Etlicher nam ein Lauß,
Und macht ein Camel drauß,
Ein ander seuget Mucken,
Thet doch Camel verschlucken.
Etlich gen Himmel machten
Ein Leyter, auß Stro flachten;
Etlicher mit schröckling Worten
Beschloß des Himmels Porten.
Etlicher durch sein Segen
Verhieß himlischen Regen,
Etlich mit Donnerschlägen
Die Erd theten bewegen,
Etlich ander die saßen
Und gantze Häuser fraßen,
Als obs all Zaubrer weren,
Vergleich seltzam Geberen.
Etlich wie Faßnacht butzen
Sich gleich theten vermutzen.
Nun diese große Meng
Die wartet mit Gedreng,
Wann ihn das Weib in Weiß
Wurd sprechen Lob und Preiß,
Ihrem vielköpfing Leben
Ein ware Zeugnuß geben,
Als ein gerechter Richter
Ihr aller Sach ein Schlichter.
Aber das Weib das saß
Und gantz erblichen was,
Und hett ein groß Mißfallen
Ob den Partheyen allen;
Mocht ihr anschauen nicht,
Wendet ihr Angesicht
Von ihn gen Himmel auff.

Nach dem der gantze Hauff
Samb gantz tobsüchtig schwürmet,
Den Thron im Tempel stürmet,
Theten das Weib anfallen
Und ward gerupfft von allen.
Einer die Nasen krümmet,
Sein Scheinwerck mit verblümmet.
Der ander nams beim Har,
Zugs auff sein Meinung dar.
Der dritt zogs bey den Händen,
Auff seinen Sinn zuwenden.
Der vierdt ihrn Mantl thet strecken,
Sein Irrthumb mit zu decken.
Der fünfft beim Rock sie zucket,
Seine Spitzfünd mit schmucket;
Der sechst deckt mit ihr Kron
Sein Superstition.
Der sibend riß beyn Brüsten,
Zu Schutz seinen Wollüsten.
Und Summa Summarum
Ein jedlicher sie num,
Wo sie ihm dient zu Nutz;
Gefärlich und mit Trutz
Sies hin und wider zogen
Rissen, krümbten und bogen,
Stückten, blöckten und drungen,
Gwältig nötten und zwungen,
Jeder nach seim Gefallen.
Jedoch war bey ihn allen
Ein mißhellig Gebrümmel;
Abschiedens mit Getümmel,
Jeder einig sein Straß.
Der gantze Tempel was
Durchstenckt wie lauter Schwefel
Von ihrm Mutwil und Frefel.
Das Weibsbild saß zerzaust

Wie ein Henn, die sich maust,
Traurig auf ihrem Thron.
Ihr beystendig Person
Hetten der Ding Verdruß.
Ich sprach: O Genius,
Sag, wer ist dieses Weib
Mit so geplagtem Leib?
Und wer sind ihr Beyständer
Und die boßhaffting Mänder,
Die sie ohn Schuld hart kerrten,
Rissen, dehnten und zertten?
Er sprach: Diß Weib allda
Heist Theologia;
Die heilig biblisch Schrifft,
Was christlichs Heyl betrifft,
Die ist schlecht und einfältig
Geistreich und gar gewältig.
Und die ihr hangen an,
Sind auch also gethan.
Die Schrifft einfältig handeln
Und in der Warheit wandeln,
Suchen in Werck und Leer
Allein die Gottesehr.
Deß Nechsten Heil und Nutz,
Von dem kommt alles Guts,
Der doch ist leyder wenig,
Aber die größer Menig
Sucht eygne Ehr und Rhum,
Wollust oder Reichthum,
Und ihr Leer darauff richten,
Suchen, grüblen und dichten,
Setzen, ordnen und stellen,
Und alles was sie wöllen
Sie groß oder klein machen.
Das Liecht in schwer zwifachen,
Sie bannen und verdammen,

Aber dem allen sammen
Machen sie einen Schein,
Samb seys Gotts Wort allein.
Derhalben mit Spitzfünden
Sie der Geschrifft nachgründen,
Da sie denn manigfalt
Der Gschrifft thun großen Gwalt.
Ziehen, biegen und dringen
Biß sie darauß erzwingen
Ihr Leere zu probieren,
Zu schmucken, defendieren,
Als sey es Gottes Wort.
So gieng es fort und fort,
Kein Ketzer nie so grob,
Der nicht hett der Schrifft Prob.
Schau, daher ist entsprossen,
Entsprungen und geflossen
So viel und mancherley
Irrthumb und Ketzerey,
Menschen Gesetz und Wohn
Und Superstition;
Orden, Rotten und Sect,
Der all Winkel voll steckt,
Deß ist auch unter ihn
So viel Köpff, so viel Sinn.
Ein jeder Theil meint schlecht
Er allein sey gerecht,
Die andern irrten all.
Schau zu in diesem Fall
Ihr widerwerting Meinung
Entspringen viel Uneinung,
Daß sie denn conversiern,
Schreiben und disputiern,
Und jeder nimbt zu Heyl
Die Schrifft auff seinen Theil,
Sein Meinung mit zu stärcken.

Hiebey magst du wol mercken,
Das es jetz steht gefehrlich.
Verderblich und gar schwerlich.
Weil die Glehrten sind spaltig,
Derhalb glaub du einfaltig
Der Heyligen Geschrifft,
So entrinst du dem Gifft
Vielfaltiger Verwirrung,
Rotten, Secten und Irrung.
Mich stieß mit seiner Hand
Genius und verschwand.
Im Augenblick erwacht
Ich, und dem nach gedacht.
Viel Hirten seind (wie das
Verkünd Jeremias)
Zu Narrn und Schelmen worden,
Durch falsch Leer die Seel morden;
Gwältig mit großem Trutz
Zu ihrem Rhum und Nutz
Die Schrifft mit ihren Zenen
Krüplen, reißen und dehnen.
Auch nicht allein die Glehrten
Sonder auch die verkehrten
Layen, die Gschrifft auch nützen,
Ihr Laster nit zu schützen,
Zu verthaiding und beschönen,
Verspotten und verhönen
Die Schrifft auch an viel Oertern
Mit Märlein und Sprichwörtern,
So grob und unbescheiden,
Als ob es weren Heiden.
Und muß an allem Ort
Das teuer Gotteswort
Nur ein Schand Deckel sein.
Das uns doch Gott allein
Gab darinn zu fürbillen

Sein gnäding guten Willen,
Was wir gantz aller maßen
Thun sollen oder lassen,
Glaubn, trauen oder hoffen,
Die steht jederman offen.
Weil die nun krümmet hin
Jeder nach seinem Sinn,
Zu seinem Nutz und Ehr,
Wollust und Reichthumb sehr,
Und wird so gar veracht,
Verspottet und verlacht,
Ist schwerlich zu besorgen,
Gott werd heut oder morgen
Sein Wort uns nemen wider,
Uns lassen sincken nider
In falsch Irrthumb und Lügen,
Weil wir nicht brauchen mügen
Die einfältige Warheit
Mit ihr himlischen Klarheit.
Nun bitten wir Jesum,
Daß er wöll all Irrthum,
Spitzfünd und Ketzerey,
Sect, Rotten und Parthey
Außrotten durch sein Geist,
Das sein Wort allermeist
Fort in der Christenheit
Rein in Einfältigkeyt,
Einhelliglich auffwachs
Und Frucht bring, wünscht

Hans Sachs.
Anno Salutis M. CCCCC.
XXXIX. Am XXX. Tag Martij.

Das klagent Ewangelium

An der Carfreytag Nacht,
Als mich trieb mein Andacht
In der Kirchen zubleiben,
Da mein Gebet zutreiben
Biß an den andern Morgen,
Im Chor saß ich verborgen
In einem Stul geschmucket
Still und mich nider bucket,
Biß man die Kirchen spert,
Nach dem anhielt ich herrt
Mit andächting Gebet
Biß es ind Nacht wurd spät.
Nach dem der Schlaff mich fatzet,
Daß ich fieng an und natzet,
Wurd gwaltig überwunden
Mit starckem Schlaff gebunden.
Ein Traum umbschrencket mich
So frembd und wunderlich,
Mich daucht, ich hört ein Gall,
Das es im Gwölb erhall.
Die also menschlich redt:
O das ich Flügel hett,
Das ich von Menschen schnöd
In ein wüste Einöd
Mich flüchtig möchte schwingen.
Mir schauchtzet ob den Dingen,
Gedacht, es ist ein Seel,
Die leydet Pein und Quel.
Doch daucht mich, wie ich sagt:
Wer bist, der also klagt,
Sag, ist zuhelffen dir?

Die Stimm die antwort mir:
Fast aller Trost ist hin,
Weil ich verlassen bin.
Wann Freund und Feinde sich
Sind sembtlich wider mich.
Ich sprach, ich bitt dich, nenn
Dich, das ich dich erkenn.
Die Stimm erseufftzet fort,
Sprach: Ich bin Gottes Wort,
Das Evangelium.
Teutsch Lands ich mich annum.
Christlich zu ordinieren
Und wider reformieren,
Von allem Mißbrauch klar,
Wie die erst Kirchen war.
Ich thet all Menschen laden
Zu den göttlichen Gnaden,
Ich predigt und verkünd
Vergebung aller Sünd;
Umbsonst all himlisch Schätz,
Die menschlichen Aufsätz,
Seelnetz und Gleißnerey
Geltstrick und Simoney,
Viel schwerer Joch der Gwissen
Wurden durch mich zerrissen.
Von Lüg ich sie erledigt,
Die göttlich Warheit predigt,
Zuhand der gmeine Mann
Nam mich gar frölich an,
Er höret mich begierlich,
Hielt mich ehrwirdig, zierlich.
Ich dacht, sie werden eben
Führen ein christlich Leben
Nach meiner Leer und Sag
Täglich von Tag zu Tag
Als rechte Gotteskind,

Das sich weit anderst find.
Im Mund führens mich eben,
Verlaugnen mein im Leben.
Weng Lieb und Treu man sicht,
Der meiste Theil der spricht:
Christus hab gnug gethan,
Kein gut Werck sehens an,
Gehn mit verkehrtem Sinn
Also gantz sicher hin,
Samb sey die Höll verdorben,
Der Teuffel längst gestorben.
Und liegt der Tod gefangen,
Das streng Gericht vergangen,
In Wollüsten sie wandeln
Und gar unchristlich handeln
Mit Ehbruch, Hurerey,
Mit Wucher, Tyranney,
Mit Betrug und Fürkauffen,
Mit Fressen und Zusauffen,
Gottlästern, Neid und Haß.
Nun hab ich wider das
Mich schier heißer geschryen,
Das Volk frümmer zuziehen,
Das mein gar niemand acht,
Mich verspott und verlacht.
Bey dem merck ich gar wol,
Das sie sind Frümkeyt hol;
Habn mich nur angenommen
So weit ich ihn thet frommen
Zu ihrem eignen Nutz,
Zu Freyheit, Ehr und Guts,
Weil sie das von mir han,
Mich sehens sonst nit an,
Gleich wie Christo meim Herrn
Das Volck nach gieng von fern,
Weil er ihn Speise gab,

Fiel doch bald wider ab.
Und wo sie Gott belaydigen,
Sies alls mit mir verthaydigen.
Also mit großen Schanden
Bey Freunden und Bekandten
Muß ich, Gotts Wort, allein
Nur ihr Schand Deckel sein.
Der ander große Hauff
Verstockt, nimbt gar nicht auff
Mich, die himlischen Warheit
Mit meiner hellen Klarheit;
Sonder mit Wort und Leben
Bleibens in Lügen kleben,
Die ihn schmecket viel baß;
Tragen nur Neid und Haß,
Mich gar vermaledeyen,
Verfluchen und ausschreyen:
Ich bring kein gute Frucht,
Man sech kein christlich Zucht.
Ketzerey sie mich schelten,
Also muß ich entgelten
Der, die sich rühmen mein
Und doch Weltkinder sein,
Gantz nach fleischlichem Sinn,
Dran ich unschuldig bin.
Wann ich bin lauter rein,
Ein Speiß christlicher Gmein
Und nicht der Hund und Seu,
Der theil ich mich keins freu.
Den zweien sind vereint
Die dritten mein Erbfeind,
Hochpriester, Phariseer,
Gleißner und Saduceer,
Den ich die Warheit sagt,
Ihr Schalckheit ihn auffzwagt,
Ihr Ceremonion

Und Superstition
Thet gwaltigklich zerstören,
Mügen mich gar nicht hören.
Sie werden nur grießgrammen,
Mich unverhört verdammen,
Als sey ich Ketzerey;
Und mich durch Tyranney
Verbannen und versagen,
Brennen, martern und plagen,
Sambt den, die bey mir bleiben.
Auch die predgen und schreiben
Zum Widerrufs sie dringen,
Drohen, nötgen und zwingen,
Tyrannisch unbescheyden
Wie Türcken oder Heyden.
Wenn Christus selber kem,
Sich seines Wirts an nem
So würd der Geistling Zahl
Ihn creutzing noch ein mal
Als ein irring Verfürer,
Ein Mörder und Auffrürer.
Wie sie denn mich beklagen
Der Obrigkeyt ansagen:
Ich hab Auffruhr erweckt;
Was Unglücks sich zutregt:
Krieg, Theurung oder Sterben,
Krankheit und Lands-Verderben
Sie mit Practick und Lügen,
Arglist und wie sie mügen
Die Schuld gar auff mich setzen,
Die Obrigkeyt verhetzen,
Daß sie mir werd abgünstig,
Zu Verfolgung inbrünstig,
Wütig, zornig und schwirig
Ueber mich gantz blutgirig;
Land und Leut zu verheeren,

Als ob sie Gott dran ehren,
Wie sie Christo auch theten,
Die Pilatum beredten,
Daß er ihn würgen ließ
Und weiß doch gantz und gwiß
Das gantz geistlich Geschlecht,
Daß ich bin war und grecht.
All Feindschaft darauf steht.
Daß ihn durch mich abgeht.
Hett aber ich gelehrt
Das ihren Pracht hett gmehrt,
Reichthumb, Gewalt und Ehr,
Ich wer ein gute Lehr,
Von ihn mit Gold einschrieben.
Also werd ich umbtrieben
Von dreyerley Parthey,
Ich sey gleich wo ich sey.
Erstlich von den Maulchristen,
Darnach von Romanisten
Und den Religiösen,
Sind eines Tuchs drey Hosen,
Der ich nit ziehen kan.
Allein hecht mir noch an
Ein armes Heuflein klein,
Die war recht christlich Gmein,
Die mir gantz ist ergeben
In Worten, Werck und Leben,
Die mir Gott hat zugstelt
Auß dieser Welt erwelt.
Diese thu ich bewaren,
Die andern laß ich faren,
Den ich doch kam zu Heil
Wirdt ich ein streng Urtheil,
Weil ihn erschein das Liecht,
Das sie annemmen nicht.
Blind, überblinds Teutschland

An Geist und an Verstand,
Es wird mein Lehr und Treyben
Nicht allmal bey dir bleyben.
Ich wirdt von dir außgohn
Inn ander Nation.
Mit dem der Schein erblich
Und als ein Schatten wich!
Die Stimm auch stiller schwieg,
Die Morgenröt einstieg,
Daucht mich, durch die Kirchfenster
Mit ihrem hellen Glenster,
Den künffting Tag zu deuten.
Da ward man Frümeß leuten,
Indem ich aufferwacht,
Und dem Traum nach gedacht,
Deß Gsichtes mich entsetzt;
Gedacht mir doch zu letzt:
Es ist je leyder war,
Gottes Wort hab wir klar.
Doch wenig Frucht man sicht;
Es ist, wie Christus spricht:
Der Samen Gottes Wort
Wird außgeseet fort,
An Weg, Dörner und Fels,
Wenig Frucht bringt es els;
Da guts Erdtreich ward troffen,
Da war erst Frucht zu hoffen.
Deß Bößn ist zu vermuten
Drey mal mehr denn deß Guten,
Ich fürcht nach Christi Sag,
Daß vor dem jüngsten Tag
Sein Wort jetzt predigt werd
Auf dem Umbkreiß der Erd,
Zu eim Zeugnuß bescheyden
Ueber uns und die Heyden,
Ohn Frucht zu einer Plag

Dort auff den jüngsten Tag.
O Herr, laß uns dein Wort
Bleiben, und laß es fort
In uns erflammen starck
Durch Seel, Hertz, Bein und Marck,
Daß wir dir Zeugnuß geben
Beide mit Wort und Leben,
Gut christlich Früchte bringen
Her auß dem Glauben springen
Als ware Gotteskind,
Dein Erb und Haußgesind.
Daß das die Heiden sehen,
Dir Lob und Ehr verjehen,
Dein Wort hören und leren
Und sich zu dir bekehren,
Auß uns werd überal
Ein Hirt und ein Schaffstal,
Ein christliche Gemein,
Daß dein Wort lautter rein
Darinn grun, blü und wachs
Und Frucht bring, wünscht

                                          Hans Sachs.
                                    Anno Domini. 1540.
                                    Am 11. Tag Martij.

Ain ardlich gsprech der Götter/die zwitracht des Römischen Reychs betreffende.
Hans Sachs.

Als ich meins Alters war
Treten ins fünfzigst Jar,
Lag ich eins Nachts betrübet,
Darzu mich heimlich übet[128]
In diser bösen Zeit
Die Widerwertigkeit
In dem römischen Reich,
Darin man tegeleich
Hielt mancherlei Reichsteg,
Doch alles fel und treg;
Gar nichts von stat wolt gen,
Zu stillen die Zwispen[125]*;*
Ich dacht lang hin und her,
Wer des ein Ursach wer.
In sollichem Nachdenken
Tet sich zu schlafen senken
Meiner Augen Gelider,
Ins Bett duckt ich mich nider
Und mich zusammen schmücket,
Biß mir der Schlaf entzucket
Mein angefochten Sin.
In dem Traum mir erschin
Der Engel Genius
Und sprach zu mir: ich mus
Dich etwas laßen sehen,
Auf dise Nacht geschehen.
Gar plötzlich nam er mich
Und fürt mich über sich[130]
Durch das leuchtent Gestirn
Der himlischen Revirn
Biß zu der Götter Trön.

---

128   üben, beunruhigen
129   Zwispen, Zwiespalt
130   über sich, aufwärts

Der Mon schin hell und schön
Samt aller Sternen Glenster.
Er stellt mich in ein Fenster
An einem dunkeln Ort,
Das ich möcht alle Wort
Hören in disem Sal.
Die Götter allzumal
Ein groß Versamlung heten,
Zirkelrunt sitzen teten,
Jupiter auf seim Tron
Sein Red fieng also on:

   JUPITER.
Ir Götter all geleich,
Es hat das römisch Reich
Samt teutscher Nation
Zwitracht und Widerspon,
Und wirt man nit ableinen[131]
Und gütlichen vereinen
Die zwispelting Partei,
Das Frid zwischen in sei,
So muß das Reich zergen,
Mag lenger nit besten.
Es hat zwen mechtig Feint,
Darumb ratschlaget heint,
Das underkommen[132] *wert*
Der groß Unsal auf Ert,
Wann es ist hohe Zeit.

   MARS.
Mars, gwapnet zu dem Streit,
Stunt auf mit bloßem Schwert,
Sprach: weil unden auf Ert

---

131   ableinen, ablenken
132   underkommen, abwenden, verhindern

Das Reich ein Zwitracht hat,
So ist darauf mein Rat,
Ich hetz sie zu eim Krig,
Welche Partei den Sig
Gewinn, die andern dring.
Nach irem Willen zwing,
Und sei sie darnach Herr.

JUPITER.
Jovis sprach: das sei ferr,
Dein Rat ist ie nit gut,
Dich dürstet nur nach Blut,
Weil aus des Reiches Krig
Folgt ein blutiger Sig,
Mort, Raub und darzu Brant,
Verderbung teutscher Lart;
Darumb gefiel mir baß,
Daß man solch Zenk und Haß
Durch Freuntlichkeit hinleget.
Welche das Herz beweget[133].
Juno, gib du dein Kraft,
Ein neue Gmahelschaft
Beweg in Regimenten,
Der zwispelting Regenten,
Dardurch Einigkeit wert.

JUNO.
Juno antwort: aus Ert
Tet ich neulich verwilgen
Gemahelschaft der Lilgen[134],
Das Unfrid würt gestilt,
Die doch nie Glauben hilt;
Drumb möchts noch also gen,

---

133 bewegen, verursachen, anstiften
134 Bezieht sich auf die Vermählung Franz des I. mit Karls des V. Schwester Eleonora

Baß mögst du understen[135]
Mit Gelt der Feintschaft Schmerz,
Das weicht des Menschen Herz,
Und milderts ganz und gar.

JUPITER.
Jovis sprach: das ist war,
Pluto nim dein Reichtum,
Goldes ein große Sum,
Die Fürsten zu begaben,
Auf das sie Fride haben,
Freuntschaft und Einigkeit.

PLUTO.
Pluto sprach: es felt weit,
Das Golt würt sie erst reizen
Und auf Zwitracht verbeizen[136]*,*
Freidig[137] *und trutzig machen,*
Würden den Krieg zwifachen;
Denn gwunnen die Hauptleut
Von Golt die besten Beut,
Dann würts erger denn vor,
E ich mein Schetz verlor,
Armut bhielt lenger Frid.

JUPITER.
Jupiter auf dem Bschid
Ruft Penuriam[138] *her,*
Sprach: schleich hin mit Gefer[139]*,*
Und sah in deine Bant

---

135 understen, wie oben: unterkommen

136 verbeizen, verhetzen

137 freidig, vreidec, übermütig

138 Penuria, Mangel

139 Gefer (das Gegenteil von on gefer), mit Absicht (um Jupiters Befehl auszurichten)

Der Zwispeltigen Hant,
Zwing sie zu Einigkeit,
Das sie zu Krieg und Streit
Werden ganz mat und schwach.

   PENURIA.
Penuria die sprach:
Ich wil dir folgen gern,
Doch werden sie beschwern
Das Lant durch vil Aufsetz,
Zu samlen große Schetz,
Das auch vil Neit gebür.
Schlag andre Mittel für,
Schick aller Götter Bot,
Mercurium, den Got,
Das er mit Worten spech
Durch sein lieblich Gesprech
Die vilselting Partei
Fridlich vereining sei,
Weil dein Wort vil vermag.

   JUPITER.
Jupiter auf die Sag
Sprach: Mercuri, schwing dich
Hinab auf Erderich,
Verkünd an alle Ort
Mein Willen und mein Wort,
Gib der Zwitracht Entschid[140],
Wer nit wil halten Frid,
Dem dro mein Ungenad,
In für mein Grichte lad,
Da muß er sten zu Bus.

---

140   Entschid geben, durch einen Schiedsspruch endigen

MERCURIUS.
Da sprach Mercurius:
Es ist verloren schlecht,
Jeder wil haben Recht
Und wil kein Mittel leiden,
Ob gleich dein Wort tut schneiden;
Das der ein Teil nem an,
Würts der ander nicht tan,
Weil im wont kreftig bei
Der Geist der Heuchlerei
Samt gschwinden Orenblasen,
Und handelt aller masen,
Als sei er blint und taub,
Darumb mein Red, gelaub,
Hat weder Platz noch Stat,
Biß die Finster vergat.
Rat weiter du darzu.

JUPITER.
Jupiter sprach: o du
Glänzender Got Phebus,
Erleucht ir Finsternus
Mit deiner Sonnen Glest,
Zu erwelen das Best;
Ihn iren Geist erleucht,
Mit Gütigkeit befeucht,
Den Unfrid zu verhüten,
Durch Mittl all Sach zu güten[141],
Das all Partei sich geben,
Der Warheit nachzustreben;
Solch Lieb und Einigkeit
Erhelt den Frid lang Zeit.

---

141 güten, schlichten

PHÖBUS.
Phebus antwort: mein Brunst
Auf Ert ist auch umbsunst;
Ich sich die Regiment,
Durchaus beiderlei Stent,
In vil Partei zerspalten.
Ir vil mein Schein aufhalten,
Mit vil Practik und Tücken
Die Guten zu verdrücken;
Ob sie gleich wol erkennen,
Recht, gut und heilig nennen
Die heilig, ewig Warheit
Mit ir himlischen Klarheit,
Mit Lüg sies verunreinen,
Das mich verdreußt, zu scheinen,
Derhalb in Finsternus
Noch oft verkeren mus.
Weil alls Gut ist verloren.

SATURNUS.
Saturnus sprach in Zoren:
Gib du mir in mein Hant
Gwalt über teutsche Lant;
Wer sich denn wil entpörn,
Den gmein Frid zu verstörn,
Den wil ich grausam töten.

JUPITER.
Jupiter sprach: von Nöten
Ist, das man nit mit Gwalt
Far, sonder frei behalt
Beid Teil in Frid. O du,
Minerva, trit herzu,
Gib Rat durch dein Weisheit,
Das wir in Einigkeit

Bringen das römisch Reich.
Aufstunt die Adeleich.

MINERVA.
Minerva sprach: o der
Handel ist mir zu schwer,
Doch weiß ich ein Person,
Wenn die nit stillen kon
Der teutschen Fürsten Zorn,
So ist all Sach verlorn.

JUPITER.
Jupiter sprach: Zeig on,
Wer ist dieselb Person,
Die solch Ansehen hat,
Zu stillen den Unrat.

MINERVA.
Da antwort Minerva:
Es ist Respublica.
Jupiter.
Jupiter sprach: wolhin,
Ist er[142] *nit vor bei in?*

MINERVA.
Minerva sprach: ach nein,
Abcontrafect allein,
Welcher doch vor leibhaft
Regieret hat mit Kraft
Das alt römische Reich,
Hanthabt[143] *es ordenleich*
Und machet es großmechtig,
Hielt die Burger eintrechtig,

---

142 er, wegen der deutschen Uebersetzung: der gemein Nutz

143 hanthaben, verteidigen, aufrecht erhalten (maintenir)."

Das sie waren allsant
Einer des andern Hant,
Semtlich biß auf das Blut
Hanthabten das gmein Gut
Treulich durch alle Stent;
Des war ir Regiment
Stanthaft, wie obgemelt,
Ein Herschung aller Welt.
Bald aber eigner Nutz
Des Gwalts, Prachts, Er und Gutz
Bei in riß gwaltig ein,
Jeder schaut auf das Sein,
Da wurden vil Partei
Gespalten mancherlei,
Vil bürgerlicher Krieg
Wurden mit bluting Sieg,
Groß Tyrannei geübt,
Der gmein Nutz wurt betrübt,
Der gmein Man aus Verdrieß
In auch gar fallen ließ,
Also wurt er austriben.
Wo er seit her ist bliben,
Das kan ich dir nit sagen.
Seit her nach disen Tagen
Hat das Reich abgenommen,
In solchen Abfal kommen,
Das im dreut die Entstörung
Sein entliche Zerstörung,
Wie es denn iezunt get.
Wenn man nun wider het
Den alten gmeinen Nutz,
Der möcht schaffen vil Gutz,
Brecht wider in der Zeit
Gut Frid und Einigkeit
In dem römischen Reich.
Der Rat gar löbeleich

Gefiel den Göttern allen,
Allein tät widerkallen
Mars und auch Saturnus.

   JUPITER.
Jupiter sprach: man mus
Folgen der merern Sum,
Befalch Mercurium,
Das er den gmeinen Nutz,
Den Vatter alles Gutz,
Wölt in sein Tron citiern
On alles Excusiern,
Das er in eilents sent
Römischem Regiment,
Den Zwitracht und Unwilln
Bei in gar abzustilln,
Auf das forthin auf Ert
Ent nemen all Beschwert.

   MERCURIUS.
Mercurius sprach: gern,
Doch must du mir erklern,
Wo ich in finden sol.

   JUPITER.
Jupiter sprach: ja wol,
Such ihn in den Reichssteten,
Die in vor Jaren heten
In hohem Acht und Wert.

   MERCURIUS.
Mercurius, auf Ert,
Sprach, tu ich teglich wandeln,
Mit den Menschen zu handeln,
Doch hab ich (mag ich jehen)
Den gmein Nutz lang nie gsehen,

Sein[144] *weder Stumpf noch Stil.*
Ich hör wol von im vil
Sagen in Stet und Mauren,
In Dörfern von den Bauren,
In Schlößern, Merk und Flecken;
Das macht mir einen Schrecken,
Das ich in auf der Reis
Nirgent zu suchen weis.

   JUPITER.
Jupiter sprach besunder:
Erst nimt mich nimmer Wunder,
Das es so übel get,
Im Reich zwitrechtig stet,
Weil der gemeine Nutz,
Des römischen Reichs Schutz,
Wont bei Oebern noch Undern;
Mich tut vil mer verwundern,
Das römisch Reich vor langen
Jarn nit zu Grunt ist gangen,
Ir Götter, zeiget an,
Wo man doch finden kan
Den gmein Nutz obgemelt,
Wo man in aller Welt,
Jetzt sein Fußstapfen spür.

   LUNA.
Luna die trat herfür,
Sprach: Wol vor alten Jaren
Sah ich eins Nachts in faren
Aus ganzem Europa,
Und wolt in Asia,
Wider in Kriechenlant,
Villeicht zu Athen want.

---

144   sein, von ihm

DIANA.
Die Göttin Diana
Sprach: er ist nimmer da,
Vor vil Jaren ausgeschlagen[145].
Neulich, als ich wolt jagen,
Fant ich in mit mein Winden
Weit in dem Walt dort hinden,
Sitzent bei einem Brunnen,
Sein Antlitz überrunnen
Mit ganz kleglichen Zähern,
Als ich mich im tet nehern,
Verbarg er sein Angsicht,
Wolt mich ansehen nicht,
Scheint sich seines Ellents,
Und floch schnell und behents
In ein finster Steinhol,
Darin gedenk ich wol
Den vertribenen Alten
Heutigs Tags noch haushalten.

JUPITER.
Jupiter sprach: so eil,
Bring raus das menschlich Heil
Aus vertribnem Ellent,
Zu Hülf dem Regiment.
Mercurius schwang nider
Sein lautreisig[146] *Gesider.*
Dieweil hielt heimlich Rat
Der Götter Majestat,
Stießen die Köpf zusam,
Das ich kein Wort vernam.

---

145   ausschlagen, mit Gewalt vertreiben
146   lautreisig (lûtrisic) helltönend

MERCURIUS.
Nach dem Mercurius
Ganz vogelschnell aufschuß
Mit trauriger Geber
Und sprach: o Jupiter,
Den gmein Nutz hab ich funden,
Doch voll tötlicher Wunden
Und mit Krankheit geplakt,
An Hent und Füß contrakt,
Sein Leib ganz ausgedorret,
Gerumpfen und verschmorret,
Das an im hieng allein
In der Haut das Gebein;
Sein öber Lebs am Munt
Sein Zen kaum decken kunt,
Sein Antlitz gar erblichen,
Al lebent Geist gewichen,
Sein Herz allein gunt[147] *lechzen*
Mit abkreftigem Echzen,
Gar kurzem Atemzug,
Der Puls gemachsam schlug.
Ich dorft in nit anrüren,
Mit mir herauf zu füren,
Ich förcht, er möcht verderben
Mir underwegen sterben,
Wann er ist tötlich schwach.
In großem Ungemach
Winkt der Got Jupiter
Esculapio her,
Dem Got aller Erznei,
Und sprach: gerüstet sei
Und schwing dich eilent nider
Mit Mercurio wider
Zu dem hohen Gescheft;

---

147 gunt, praet. von ginnen, beginnen

Nim aller Kreuter Seft,
Der Götter Trank, Nectar;
Darmit fleißig bewar
Rempublicam, den Alten
Im Leben zu erhalten,
Von verlegner Kristier
In seuberlich purgier,
Tu im sein Wunden heften,
Bring in zu voring Kreften,
All Glider, Bein und Mark,
Das er wert frisch und stark,
Bring in im Augenblick
Herauf, das ich in schick
Auf Ert, zu reformiern,
Das fridlich concordiern
Die herrschenden Regenten
Samt allen Reiches Stenden,
Das der Adler mög wider
Schwingen sein ganz Gefider,
Den Trachen zu vertilgen
Samt der vergiften Lilgen.

    Der Beschluss.
Balt sich die Zwen abschwungen,
Wart von der Siren Zungen
In aller Götter Trön
Ein wunniglich Getön
Mit Jubel und Frolocken.
Mein Herz vor Freud tet schocken,
Rempublicam zu sehen;
In dem fieng an zu krehen
Mein lautreisiger Hon,
Das ich erwacht darvon.
Das ich des Endes nicht
Erreicht in dem Gesicht,
Des trauret mein Gemüt,

Hoff, Got wert durch sein Güt
Selb all Zwitracht ableinen
Und durch sein Wort vereinen
Im Reich all Stet und Fürsten,
Das sie nach Frid wert dürsten.
Auf daß in hohem Rum
Das römisch Kaisertum
Sich wider mer und wachs
Durch gmein Nutz, wünscht

          Hans Sachs.

       Anno salutis, M. D. XLIIII.
         am 3. Tag Martij.

Schwank, Eulenspiegels Disputation mit einem Bischof ob dem Brillenmachen

Eulenspiegel etwan vor Jaren,
In aller Schalkheit wol erfaren,
Loff in eim Winter über Felt,
Het schlechte Kleider und kein Gelt;
In dem da sah er dort von weiten
Ein reising Zeug gegen im reiten.
Dasselbige ein Bischof war;
Derselbige wolt gen Worms dar,
Allda solt werden ein Reichstag,
Und mancher Fürste darzu lag,
Solten betrachten gmeinen Nutz,
Römischen Reich zu Hilf und Schutz,
Das auf dißmal vil Anstöß het.
Als er im nun begegnen tet,
Eulenspiegel zog ab sein Hut
Und neigt sich gegn dem Bischof gut;
Der hielt, sah Eulenspiegel an,
Merkt wol, das er war ein Fatzman,
Do dacht: ich hört bei allen Tagen
Kinder und Narren die Warheit sagen,
Ich wil gleich disen reden an,
Der wirt mir gar balt sagen tan,
Was das Gschrei ist von Fürstn und Hern
Bei dem gmein Man nahet und fern.

    DER BISCHOF.
Und sprach: Gut Gsell, wann her so schwint,
So übel kleidt in Schne und Wint?
Du solt bleibn under dem Obdach.

EULENSPIEGEL.
Eulenspiegel hinwider sprach:
Gnediger Herr, ich muß wol wandern
Von einem Lande zu dem andern
Mein Hantwerk nach durch Poln und Preußn,
Durch Hungern, Behem, Sachsn und Reußn,
Frankreich, Schotten und Engellant,
Durch Niderlant, Hollant, Brabant,
Den Reinstrom, Frankn, Beiern und Schwaben,
Kunt doch nirgent kein Arbeit haben
Nun daling[148] *in das dritte Jar,*
So bös ist iezt mein Hantwerk gar.

DER BISCHOF.
Der Bischof fraget wider her,
Was Hantwerks Eulenspiegel wer,
Das so unwert wer in der Welt.

EULENSPIEGEL.
Eulenspiegel herwider melt:
Gnediger Herr, ein Brillenmacher;
Das ist meins Laufens ein Ursacher,
Drumb ich kein Arbeit überkum.

DER BISCHOF.
Der Bischof antwort widerumb:
Wie kan das sein? Und tet sein lachen,
Ich denk vorwar, das Brillenmachen
Sei iezt vil beßer denn vor Jarn,
Weil wir im Teglichen erfarn
Haben, das ganz menschlich Natur
Wirt schwecher und brechlicher nur
Und nimt an allen Kreften ab;
Derhalb darfs wol Steuer und Lab,

---

148 daling (tâlanc), in das dritte Jahr nur einen Tag lang

Voraus das blöd menschlich Gesicht,
Das denn durch die Brillen geschicht;
Derhalb ist Brillenmachen wert,
Weil auch iezunt aus ganzer Ert
Die Leien lesen also vil,
Schier jeder Doctor werden wil
Und in der Schrift umbfantasieren,
Vil mit den Geistling disputieren
Und sie auch in die Bücher jagen,
Derhalb darf ich für Warheit sagen,
Das man iezt mer list denn vor Jaren,
Weil die Leien einfeltig waren,
Mit den Glerten nit conversierten,
Die auch dest weniger studierten,
Ließen die Bücher auch mit Ru.
Das sint merklicher Ursach zwu,
Das Brillenmachen werter ist
Denn vor Jaren zu keiner Frist,
Ich glaub noch, die Schult wirt dein wern,
Du seist faul und arbeitst nit gern.
Streunst[149] *lieber umb so weit und ferr.*

    EULENSPIEGEL.
Nein, bei meim Eit, gnediger Herr,
Ich wil euch die Sach baß erklern,
Das ir mir werdet glauben gern.
Solt mein Hantwerk nit sein verdorben?
From geistlich Leut sint fast all gstorben,
Die vil lasen in Heilger Schrift
Und löschten aus der Ketzer Gift,
Suchten allein die Gottes Er
Und die Lieb ires Nechsten mer
Dann iren eigen Rum und Nutz,
On allen Neit, Zoren und Trutz;

---

149 Streunen, strolchen, vagieren

Die sint fast all gen Himel gfarn
Und iezunt vil Brillen ersparn;
Die alten Pfaffen, so noch leben,
Und die alten Münich darneben
Haben ir Horas und Gebet
So lang getriben frü und spet,
Das sie es alls können auswendig,
Dörfen keiner Brillen beihendig,
Dergleich der jungen Münich Haufen,
So iezt aus den Klösteren laufen
Und hin und wider Hantwerk lern,
Sich gleich wie ander Leien nern,
Die dörfen auch der Brillen nicht,
Darumb mein Hantwerk ist entwicht,
Dergleichen auch Fürsten und Hern
In teutsch Landen weit und fern
Nutzen iezt auch kein Brillen nicht.

    DER BISCHOF.
Der Bischof sprach: mich des bericht,
Warumb dörfens der Brillen nit?

    EULENSPIEGEL.
Er antwort: sie haben der Sit,
Das sie nur durch die Finger sehen.

    DER BISCHOF.
Der Bischof sprach: wie mag das gschehen?
Die Fürsten haben groß Hofgsint,
Auch sint ir Amptleut runt[150] und schwint[151],
Durchtriben, aller Schalkheit vol,
Dörfen ie scharpfer Brillen wol,
Das sie baß drauf sehen, glaub ich,

---

150   runt, schnell
151   schwint, ränkisch

E die Katz würt ir bestes Vich[152];
Drumb tu mir solches baß erklern?

EULENSPIEGEL.
Eulenspiegel antwort: gar gern.
Gnediger Herr, secht in Teutschlant
Get Raub, Gefengnus, Mort und Brant
Wider all Recht und Billichkeit
Jezunt im Schwank ein lange Zeit
Durch heimlich Practik und bös Tück
Gar mancher tyrannischer Stück,
Welches den meisten Teil auch get
Ueber die Burger und Reichstet.
Solch Unrecht soltn die Fürsten wern,
Und understen[153] bei iren Ern
Und dem römischen Reich beisten,
Es nit laßen zu Trümmern gen.
So sitzen die Fürsten still mit Ru
Und sehen durch die Finger zu,
Derhalb dörfens kein Brillen nicht.
Zu behalten ein gut Gesicht,
Wie vor die alten Fürsten heten,
Die ir Lant sauber halten teten
Und schauten scharpf auf alle Straß,
Und wo ein Lantfridbrecher was,
Der aufrürisch wart in dem Lant,
Den tetens mit gwaltiger Hant
Hertreiben und teten in stillen[154];
Da warn in hohem Wert die Brillen,
Gar köstlich do mein Hantwerk was,
Weil iederman noch nutzet das;
Jezt ist es worden gar unwert

---

152 Sprichwörtliche, häufig vorkommende Redensart bei Hans Sachs: ehe sie verarmen
153 understen (underständ), vinhindern
154 in stillen, ihm das Handwerk legen

Bei Geistling und Weltling auf Ert,
Das mir wer bei meim Hantwerk Not,
Das ich schier eß das Bettelbrot.

Der Beschluss.
Der Bischof lachet, frölich sprach:
Gut Gesell, kom gen Worms hernach
Und iß zu Hof, sei unbeschwert
So lang und diser Reichstag wert,
Wann es wirt drauf von Fürstn und Herrn,
Hoff, etwas Guts beschloßen wern,
Auf daß im Teutschland beßer ste,
Und dein Hantwerk von statten ge,
Das du auch komst zu Er und Gut.
Der Bischof mit frölichem Mut
Rucket mit seinem Zeug dahin
Und dacht heimlich in seinem Sin:
Weiß der gmein Man von disen Tücken,
Das wir heimlich teten verdrücken
Als mit geferbtem guten Schein,
Vermeinten, es solt heimlich sein,
So ist es warlich hohe Zeit,
Das wir Unschult und Grechtigkeit
In dem verdrückten teutschen Lant
Hilf reichen mit gerechter Hant,
Das uns kein Unrat daraus wachs.
Got wöll, das bald gschech, wünscht

Hans Sachs.

Anno salutis, M. D. LIII.
am 29. Tage Augusti.

Ein Epitaphium oder Klagred ob der Leich Doctor Martini Lutheri

Als man zelt fünfzehn hundert Jar
Und sechs und vierzig, gleich als war
Der sibenzehent im Hornung,
Schwermütigkeit mein Herz durchdrung,
Und west doch selb nicht, was mir was
Gleich traurig auf mir salber sas.
Legt mich in den Gedanken tief
Und gleich in Unmut groß entschlief.
Mich daucht, ich wer in einem Tempel,
Erbaut nach sechsischem Exempel,
Der war mit Kerzen hell beleucht,
Mit edlem Reuchwerk wol durchreucht;
Mitten da stunt bedecket gar
Mit schwarzem Tuch ein Totenbar.
Ob diser Bar da hieng ein Schilt,
Darin ein Rosen war gebilt;
Mitten dardurch so gieng ein Kreuz[155]*.*
Ich dacht mir: ach Got, was bedeuz?
Erseufzet darob traurikleich,
Gedacht: wie, wenn die Totenleich
Doctor Martinus Luther wer?
In dem trat aus dem Chor daher
Ein Weib in schneeweißem Gewant,
Theologia hoch genant,
Die stunt hin zu der Totenbar,
Sie want ir Hent und rauft ir Har,
Gar kleglich mit Weinen durchbrach,

---

[155] Eine Rose mit einem Kreuz durch den Kelch ist Luthers Wappen. (Des Christen Herz auf Rosen geht, wenns mitten unterm Kreuze steht

Mit Seufzen sie anfieng und sprach:
Ach, das es muß erbarmen Got,
Ligst du denn jetzt hie und bist tot,
O du treuer und küner Helt,
Von Got, dem Herren, selb erwelt,
Für mich so ritterlich zu kempfen,
Mit Gottes Wort mein Feint zu dempfen.
Mit Disputieren, Schreibn und Predigen,
Darmit du mich denn tetst erledigen
Aus großer Trübsal und Gezwengnus
Meiner babylonischen Gfengnus[156]*,*
Darin ich lag so lange Zeit
Biß schier in die Vergeßenheit,
Von mein Feinden in Herzenleit,
Von den mir mein schneeweißes Kleit
Vermeiligt[157] *wurt, schwarz und besudelt,*
Zerrißen und scheuzlich zerhudelt,
Die mich auch hin und wider zogen,
Zerkrüppelten, krümten und bogen?
Ich wurt geradbrecht, zwickt und zwackt,
Verwundt, gemartert und geplakt
Durch ir gottlose Menschenler,
Das man mich kaum kunt kennen mer.
Ich galt endlich gar nichts bei in,
Biß ich durch dich erledigt bin.
Du teurer Helt aus Gottes Gnaden,
Da du mich waschen tetst und baden
Und mir wider reinigst mein Wat[158]
Von iren Lügen und Unflat.
Mich tetst du auch heilen und salben,
Das ich gesunt ste, allenthalben
Ganz hell und rein wie im Anfang;

---

156 Gfengnus, erinnert an Luthers Gefangnus (De captivitate Babylonica 1520)
157 vermeiligen, beschmutzen
158 Wat, Gewand

Darin hast dich bemüet lang,
Mit schwerer Arbeit hart geplagt,
Dein Leben oft darob gewagt,
Weil Bapst, Bischof, König und Fürsten
Gar ser nach deinem Blut was dürsten,
Dir hindertückisch nachgestelt.
Noch bist du als ein Gotteshelt
Bliben warhaft, treu und bestendig,
Durch kein Gefar worden abwendig
Von wegen Gottes und auch mein.
Wer Wirt nun mein Verfechter sein,
Weil du genommen hast dein Ent?
Wie wird ich werden so ellent,
Verlaßen in der Feinde Mit?
Ich sprach zu ir: o, fürcht dir nit.
Du Heilige, sei wolgemut,
Got hat dich selbs in seiner Hut,
Der dir hat überflüßig geben
Vil trefflich Menner, so noch leben;
Die werden dich hanthaben fein
Samt der ganz christlichen Gemein,
Der du bist worden klar bekant
Schier durchaus in ganz teutschem Lant.
Die all werden dich nit verlaßen,
Dich rein behalten aller maßen
On Menschen Ler, wie du ietzt bist,
Darwider hilft kein Gwalt noch List;
Dich sollen die Pforten der Hellen
Nicht überweltigen noch fellen,
Darumb so laß dein Trauren sein,
Das Doctor Martinus allein
Als ein Ueberwinder und Sieger,
Ein recht apostolischer Krieger
Der seinen Kampf hie hat verbracht
Und brochen deiner Feinde Macht
Und ietzt aus aller Angst und Not

Durch den milt barmherzigen Got
Gefordert zu ewiger Ru.
Da helf uns Christus allen zu,
Da ewig Freud uns auferwachs
Nach dem Ellent, das wünscht Hans Sachs.

*